자바 사라사
ジャワ更紗

일본 동남아시아 학술총서 12

자바 사라사

ジャワ更紗

다케다 린타로 저 ― 엄인경 역

보고사
BOGOSA

간행사

　고려대학교 글로벌일본연구원은 근대기 이후 동남아시아 지역에 대한 지속적이며 지대한 관심을 바탕으로 이 지역 관련 연구를 활발히 진행하였던 일본의 동남아시아 관련 연구 성과를 국내에 소개하는 한편, 그들이 축적한 동남아시아에 대한 지견을 올바로 파악하고자 '일본동남아시아 학술총서'를 기획·발행하게 되었다. 본 총서는 2021년 전 8권으로 간행한 '일본동남아시아 학술총서'의 제2단계 후속 간행물에 해당한다.

　제9권인 『남방감각(南方感覺)』(정병호 역)은 당시 인도네시아를 중심으로 하여 남양지역에 풍부한 견식을 가지고 있었던 데라시타 무네타카(寺下宗孝)가 1941년에 간행한 저서이다. 이 책은 일본 내에서 남양 열기가 고조되고 일본이 본격적으로 이 지역의 세력확대를 도모하던 시기에 주로 현재의 말레이시아와 인도네시아 지역을 중심으로 이 지역에 대한 근본적이고 항구적인 남방정책과 남방 민족의 심리를 파악하고자 하였다. 그래서 동남아시아 지역에 대한 일본의 남방정책, 말레이반도와 인도네시아 지역에 대한 서양의 지배와 개발의 역사, 무역과 경제 상황, 무역·산업·재정, 그리고 자연 지리적 환경 등을 상세하게 소개하고 있다. 그런데 이 책의 가장 큰 특징은 남방에 대한 근본적이고 항구적인 정책을 수립하기 위해서는 남방 민족의 심리와 정신생활, 풍속 습관에 대한 지식과 이해가 필요하다고 하는 주장이다. 저자는 이를 위해서, 남방민족의 인종적 분포와 그 역사, 남방 민족의 종교 생활, 그리고 이 지역에서 전승되는 노래와 신화·전설과 관련하여 상당한 지면을 들여 상세하게 소개하고 있다. 그러나 이 책의 주요한 관심은 당시 세계정세의 급격한 변화와 더불어 일본이 동남아시아 지역을 중심으로 이른바 '대동아공영권' 건설을 어떻게 달성할지에 그 중심이 놓여 있다고 할 수 있다.

제10권인 『남방발전사(南方發展史)』(송완범 역)는 '남양(南洋)'으로의 침략을 꾀했던 제국 일본의 남양 정책을 뒷받침했던 글을 쓴 게무야마 센타로(煙山專太郎)가 1941년 3월에 日本放送出版部에서 출판한 저서이다. 게무야마는 도쿄제국대학을 졸업하고 와세다대학에서 메이지부터 쇼와에 걸쳐 교편을 잡았던 서양사 전공의 학자이자 정치학자이다. 이 책은 역사학자인 게무야마답게 지구상의 남과 북에 펼쳐진 여러 세력의 성쇠를 다룬 역사론 5편을 싣고 있다. 제1편은 1932년 11월의 강연이며, 제2편은 1934년 10월에 발표한 것이다. 그 외 세 편은 당시의 라디오 방송에 사용한 원고들로 제3편은 1939년 6월에, 제4편은 1940년 4월에, 마지막 제5편은 1941년 1월에 도쿄에서 발신했다. 이 중 마지막 방송의 제목을 따서 책명으로 삼은 것이다. 동남아시아 전공의 권위자 야노 도오루(矢野暢)에 의해 이른바 '난신야(南進屋)'라고 불린 게무야마의 저작은 1930, 40년대 당시의 제국 일본의 남양 인식을 대변한다. 그것이 잘 나타나는 것이 제2편 「일본의 남진정책」에 실린 '왜구(倭寇)'의 활동을 평가하고 "왜구의 특징인 '해양 본능'을 위축시키지 않았다면, 유럽 세력이 동남아시아에 이르기 전에 '모험심 강한 일본인'이 분명히 남쪽 섬들을 손에 넣었을 것이다. (중략) 만약 에도(江戶) 막부가 도요토미 히데요시(豐臣秀吉) 정도의 배짱과 결단력을 지니고 있었다면 타이완을 일찍부터 손에 넣을 수 있었을 것"이라는 주장에서 잘 나타난다. 이러한 '남진론'은 소위 '대동아공영'이라는 침략사상을 여과 없이 분출하고 있는 것으로 현재의 동남아지역을 일본을 위한 침략의 도구로 밖에 생각하고 있지 않았음을 명확히 보여준다.

제11권인 『하와이 이야기(布哇物語)』(김효순 역)는 나카지마 나오토(中島直人)가 1936년 간행한 저서이다. 주지하는 바와 같이 일본인들이 하와이에 이주를 하기 시작한 것은 1860년대로, 하와이 왕국의 중추적인 산업으로 성장한 제당산업의 일손을 메우기 위해 시작된 노동 이민은 정주 시대(1908-1924)를 거쳐 오늘날 120만여 명에 달한다. 이렇게 관제이민 내지는 플랜테이션 노동자로서 외지 돈벌이를 목적으로 이민을 간 일본인들은 현지에 정착하며 자신들의 문화를 발생시키고 일본어로 신문잡지를 간행한다. 초기에는 내지 작가의 전재(轉載)가 주를 이루었고 차차 내지와 하와이를 왕래하는 일시 거주

작가가 나오게 되었으며, 이들이 어느 정도 정착하여 2세가 나오는 1910년 전후부터는 하와이 고유 작가가 나오기도 한다. 나카지마 나오토는 하와이이민 2세 작가로, 본서는 그의 단편 「하와이 역(ハワイ驛)」, 「하와이의 두 소년과 캠프(ハワイの二少年とキヤンプ)」, 「미스 호카노의 회초리(ミス・ホカノの鞭)」, 「사탕수수밭 화재(キビ火事)」, 「물소(すゐぎゆう)」, 「후추(胡椒)」, 「숲의 학교(森の學校)」, 「캠프의 환상(キヤンプの幻想)」, 「카나카(カナカ)」, 「하와이 태생의 감정(布哇生れの感情)」 10편을 모아 출판한 책이다. 이들 작품에는 하와이 2세 고유 작가로서, 나카지마 나오토의 중국인, 하와이 원주민 등에 대한 대타적 자아인식이나 국가와 민족에 대한 개념, 낯선 자연과 이민 2세로서의 일상생활의 애환 등이 하와이 고유의 일본어로 잘 그려져 있다.

제12권인 『자바 사라사(ジャワ更紗)』(엄인경 역)는 태평양 전쟁 때 징용되어 군대와 함께 인도네시아 자바로 향한 다케다 린타로(武田麟太郎)가 자바섬에서 육군 보도 반원으로서 겪거나 느낀 일에 관하여 기록한 내용을 모은 것이다. 프롤레타리아 작가로 출발하여 서민적 풍속소설로 인기와 명성을 구가하던 다케다는 1942년 봄 육군과 함께 자바에 상륙하였고, 1942년부터 1944년에 이르기까지 『도쿄아사히신문』이나 『신 자바』 등 일본과 인도네시아의 여러 신문·잡지 매체에 자바 관련의 다양한 글을 기고했다. 스스로 징용 기간을 연장하며 1943년까지 자바에 머무르던 그는 일본으로 귀국한 후 1944년

말 단행본『자바 사라사』를 간행하였으며, 현재도 인도네시아 최고 특산물인 자바 사라사를 제목으로 삼은 이 책은 단연 그의 인도네시아 담론의 핵심을 담고 있다. 본서를 통해 전의를 고양시키고 전황 정보를 제공하는 것뿐 아니라 원주민들과 교류하며 문화를 시찰하고 문화 공작을 실시하는 등 전쟁 수행의 일익을 담당하면서도, 인도네시아의 독립을 응원하고 인도네시아 문학자들과 교류하며 현지인들과 그 문화에 남다른 애착을 지녔던 다케다 린타로의 복잡다단한 내면과 징용 작가의 현실을 들여다볼 수 있을 것이다.

제13권인『해협천지회(海峽天地會)』(유재진 역)는 오구리 무시타로(小栗蟲太郞)가 일본이 진출한 영국령 말라야를 배경으로 쓴 탐정소설이다. 오구리 무시타로는 일본의 추리소설 작가이자 비경(祕境)탐험소설 작가로서 본명은 오구리 에이지로(小栗榮次郞)이다. 오구리 무시타로는 한자어에 가타가나 독음을 붙여 여러 의미로 해석이 가능한 표현 방식과 서양의 철학과 예술 지식을 과할 정도로 과시하는 극단적인 현학취미를 보여주는 작품 스타일로 현학취미의 결정체가 일본 3대 기서(奇書) 중 하나인『흑사관살인사건(黑死館殺人事件)』(1934)의 작가로도 유명하다. 해외여행은 물론이고 관동평야(關東平野) 밖을 나간 적이 없을 정도로 방구석에서 동서양의 서적만 읽고 창작하던 오구리 무시타로는 1941년 육군보도반원으로 영국령의 말라야로 파견을 갔다 이듬 해말에 귀국하였다. 이때의 영국령 말라야를 배경으로 직필한 탐정소설이『해협천지회(海

峽天地會)』이고 말라야의 비밀결사를 테마로 한 소설이다. 일본군이 진출한 동남아시아는 단일민족국가인 한국과 달리 여러 인종이 존재하는 국가들로 종주국과 식민지라는 일대일의 대칭관계와 다른 구조를 보인다. 이러한 비대칭관계는 이 책 『해협천지회』에서도 일본군은 영국령 말라야에서 경제적 패권을 쥐고 항일운동을 이어가는 중국인 화교를 숙청하고 말레이인이나 인도인을 우대하는 방향을 취하는 식으로 엿볼 수 있다.

제14권인 『남방제지역용 일본문법교본(日本文法敎本)』(채성식 역)은 1943년에 일본어교육진흥회(日本語敎育振興會)에서 간행한 일본어 문법서로 2021년에 〈일본동남아시아 학술총서〉에서 간행한 『남방제지역용 일본문법교본 학습지도서(南洋諸地域用日本文法敎本學習指導書)』의 모체가 되는 책이다. 언어 유형론적으로 일본어와 큰 차이를 보이는 언어체계를 가진 남방지역 언어 모어화자를 대상으로 생경한 일본어, 특히 일본어의 문법적 사항에 대해 어떠한 교육이 이루어졌는지를 본서를 통해 엿볼 수 있다.

이들 번역서는 당시의 남양·남방, 즉 지금의 동남아시아 지역의 역사, 문화, 생활, 풍토, 언어교육, 그리고 이들에 대한 일본의 전반적인 인식 등을 일본인의 시각에서 어떻게 담아내고 있는지를 잘 보여주고 있다. 따라서 본 '일본동남아시아 학술총서'는 근대기 이후 일본이 동남아시아에 어떠한 영향력을 끼쳐 왔으며 이 과정에서 일본이 축적한 다양한 지견과 연구성과를 올바르게 파악하는 데 도움이 될 것이며, 나아가 다양한 분야에서 동남아시아 관련 후속 연구의 기초자료로 활용될 수 있을 것이다.

　마지막으로 본 총서의 간행을 흔쾌히 맡아주신 도서출판 보고사의 김흥국 사장님과 세심한 부분까지 꼼꼼하게 편집을 해주신 박현정 편집장님을 비롯한 편집팀 여러분께 감사의 마음을 전하고자 한다.

2022년 12월
고려대 글로벌일본연구원
〈일본동남아시아 학술총서〉 간행위원회

목차

자바 사라사

1

귀국하고 보니 눈에 들어오는 출판물은 역시 자바를 중심으로 한 동인도 관계서들이었고, 더구나 이런 책들이 범람하는 지경이었다. 목록이나 광고만 있고 더 이상 입수할 수 없는 책도 많았지만, 손길 닿는 대로 구미가 당기는 대로 읽다 보니 생각보다 신용할 만한 책은 적어 보였다. 사실대로 말하자면 무책임한 책들이 압도적으로 많다는 인상을 받았는데 실상은 과연 어떠할지. 이렇게 되면 남방에 상당히 쏠려 있는 일반 국민들의 인식을 잘못 이끌어낼 염려조차 있다.

통계자료 종류는 이런 전시 하에 다양한 의미에서 과거로부터 이루어진 조사를 따라야 하나, 가능하다면 전쟁 이후의 새로운 정황을 주안으로 삼아 가까운 미래의 전망까지 포함했으면 좋겠다. 새롭게 천황의 감화를 받을 수 있게 된 땅과 그곳 사람들에 대한 애정이, 내가 지금 하고 있는 일의 조건이기도 하다. 그것이 없는 상태로 단순 소개가 되어버리면 그냥 읽을거리로서도 가치가 없다.

비슷한 서적들을 그러모아 통독하다가 금방 알게 된 것은 내용이 중복된다는 사실이었다. 과장이 아니라 다섯 권을 한 권으로 요약할 수 있을 정도다. 아니, 더 큰 비율이라 말할 수도 있겠다. 하나의 문제가 견해 차이 때문에 그렇게 되었다고 책망하는 것이 아니라, 서로 비슷한 기술이 거의 같은 글쓰기 안에서 반복되는 것을 지적하는 것이다. 그도 그럴 것이, 아무래도 같은 원본으로 더구나 외국인이 쓴, 그러니까 외국인 식의 입장과 견해로 쓴 것을 근거로 하고 있는 데다가, 어쩌면 별로 똑똑해 보이지 않는 번안 방식이 드러나기 때문이다. 이미 일본인의 눈과 마음을 통한 글쓰기가 아닌 데다가 근본 개념조차도 크게 오해하고 있는데, 설상가상 소소한 사실들까지 잘못 기재되어 있다니 어쩌란 말인가? 동인도를 조금 알고 있는 자라면 누가 봐도 금방 알 수 있는데, 어느 책이나 똑같은 잘못을 정성스럽게 되풀이하는 웃지 못할 결과다.

개중에는 네덜란드령 인도 뭐라고 하는 표제의 내용이 있었다. 발행은 1942년 가을이었는데, 나에게는 도저히 이 책을 읽을 만큼의 끈기가 없었다. 네덜란드령 인도 같은 말을 사용하고 있는데도 아무도 이상하게 여기지 않는 것인지, 당당하게 중쇄를 찍었는데 웃어넘길 수만은 없는 짜증을 느낀다.

앞에서 말한 바와 같은 몇몇 혼돈을 초래하는 책들 때문에, 감동도 없이 책상머리에서 제작된 책보다는 바삐 넘어가는 여행기 같은 것 중에 도리어 재미있는 책이 있었다. 나는 2년 좀 못 되는 시간밖에 머물지 않았지만, 그 사이 바깥 세계에 대한 호기심이나 감각이 마비되었달까? 그리 유별나게 신기하지도 자극적이지도 않게 느끼게 되었는데, 그런 일들을 신선한 인상으로 포착하여 요령 좋게 묘사한 책이 있어서, 새삼 배우는 느낌이 들기도 한다. 그리고 생각보다 제대로 된 경우도 많다. 물론 그렇다고 한들 언어 문제에 난관이 있으니, 그저 흔해 빠진 추상적인 보고만을 귓속에 넣고 가는 시찰자라면, 어차피 원주민과 그 땅의 마음속 깊은 곳까지는 곧바로 들어가지 못한다는 결함이 있다.

이렇게까지 많이 남방 관계의 서적이 나와 팔리고 있는데, 정작 실정은 거의 소개되지 않고 있는 사실 또한 놀랄 만하다. 실은 이 점을 말하고 싶었다. 어마어마하게 많은 책들의 산더미를 대체 누가 읽고 있는 것일지 신기하다.

다양하고 무지한 질문 중에 몇 번이나 듣게 되면서도 어이가 없어 입을 다물게 되는 것은, 원주민(개중에는 '토인'이라는 오래된 식민지 정책 의식의 냄새가 물씬 나는 말을 사용하는 자도 있다)은 미곡이나 농산물 수확이 용이한 데다가 열대지방 특유의 풍부한 과일도 많이 얻을 수 있으니 나태하고 무기력하지 않냐고 말하는 자, 그쪽에도 문학이나 문화가 있냐고 묻는 자들이다. 인도네시아인 하면 여태 시커멓고 야만스러운 미개인이라 여기고 있는 것이다.

애초 그런 오해도 어쩔 수 없는 일일지 모른다. 우연히 얼마 전 남방에서 말레이로부터 수마트라, 자바 등지에 걸쳐서

30년씩이나 사업을 해온 사람의 강연을 들었는데, 이런 사람 조차도 유럽인이 보던 낡은 인도네시아관에서 벗어나지 않았다. 인도네시아의 무지를 예를 들어가며 조소하고, 옛날 그대로의 어리석은 백성들이니 내버려두고 그저 물자만을 거둬들여 가면 된다고 연설했다. 자바의 공업화라니 말도 안 된다며 오늘날의 기획과 반대되는 의견까지 말했다. 들으면서 나는 뭐라 말할 수 없이 불쾌해졌는데, 이는 한 때 신문기자 따위를 하던 자가 남방의 자원, 남방의 물자를 떠들어대는 것과 마찬가지로 난감한 일이다.

대전쟁 수행을 위해 군수자원을 확보할 필요성이 있는 것은 당연하지만, 단순히 물자 때문에 성전(聖戰)을 벌이는 것이 아니라는 엄중한 사실은 잊으려도 잊을 수가 없다. 그러나 이 유명한 사업가 이야기에 따르면 외국인들이 강도처럼 동양을 침범한 뜻을 계승하고, 그 교묘한(?) 식민지 정책을 규범으로 해 나가고 싶다는 듯한 어조였다. 팔굉일우[1], 아시아의 각성이라든가 그 해방과 같은 커다란 이상은 어디에 있는 것인지 의심스러웠다. 구미의 사상을 배격하는 것도 그리 쉬운 일은 아니다. 실무가의 이처럼 권위 있어 보이는 구체적 방책에 정말 뿌리 깊게 남아 있기도 하다. 이 사람도 두세 권의 저서를 썼고 소재를 상세히 잘 알고 있는 만큼 영향력이 굉장하다.

....
[1] 팔굉일우(八紘一宇)란 팔방의 온 세상이 하나의 집이라는 의미로, 제2차 세계대전 때 일본이 침략 전쟁을 정당화하고자 내건 구호.

실실 웃으며 이렇게 말하는 사내도 있었다.

"거기는 물자가 풍부해서 좋다던데요?"

이런 천박한 질문에 대해서 나는 항상 떨떠름한 표정으로 퉁명스럽게 답하기로 했다.

"아무것도 없소. 있긴 뭐가 있단 말이오."

2

    수송선 안에서는 병사들이 책을 꽤 많이 가지고 와서 그것을 교환하여 읽기도 했다. 병서 이외에는 허가가 필요했기 때문에, 담당 장교로부터 반입을 인정한다는 도장을 받은 책인데, 그야말로 어느 틈에 표지도 찢어지고 철을 한 실도 끊어진 것이 이 사람 저 사람 손을 거쳐 다닌다. 원래 주인이 누구였는지조차 진작에 잊어버린 채 종류를 막론하고 배 안의 책은 모두의 재산이 되어 버리는 일이란 쉽게 상상할 수 있을 것이다. 선원들이 소유한 책까지 모두 공출되어 유통된다. 내가 탔던 배에서는 사무장이 문학을 좋아하고 상당한 장서가여서 꽤나 도움을 받았다.

    병사들이 휴대해온 서적류는, 물론 개중에는 저급한 것도 있지만, 그렇지 않은 것들은 대체로 주목할 만했다. 그들은 문화적으로 일반인들보다 뒤처져 있다는 지방 농촌 출신 병사들이었고, 결코 도시의 지식인층 출신이 아니었다. 이와나미 문고(岩波文庫)[2] 종류로 짐이 되지 않을 작은 책들을 골라온 탓도 있겠지만, 꼭 그렇기 때문이라고만도 할 수 없다. 그 사실은 나중이 되어서야 분명히 알게 되었다.

    자바를 평정한 이듬해 무렵부터 자카르타에도 군사 매점에

----

2 교양, 계몽주의를 기본으로 하여 많은 사람들에게 좋은 책을 싸게 유통할 목적으로 1927년 창간된 일본 최초의 문고본.

도서부가 개설되어 아주 이따금씩이기는 해도 일본 물건이 들어오게 되었다. 양은 얼마 되지 않으므로 순식간에 진열대가 비어버리지만, 거기에서 묘한 일이 벌어졌다. 다시 말해 대중 오락잡지 부분과 이야기책 비슷한 통속소설, 대중문예 언저리만은 거의 책장에 꽂힌 맨처음과 같은 부수가 그대로 남아 있는 것이었다. 신착 도서가 있는지 지나는 길에 들여다보아도 항상 같은 상태라서 놀랐다. 날이 지나도 그것들은 글자 그대로 진열장에 방치되어 변색이 되도록 조금도 팔릴 성싶지 않았다. 주둔해 있는 병사들만이 아니라 활자에 굶주리던, 뭐든 좋으니 종류에 상관없이 원할 것 같은 통과부대의 병사들조차 손을 뻗지 않았으므로 어지간히 매력이 없던 것이리라.

이 사실은 누구의 눈에든 기묘하게 비쳤는데, 병사들 말에 따르면 그 책들이 전혀 재미가 없기 때문이란다. '재미있다'는 점만을 강점으로 삼는 통속소설이나 대중문예가 재미없어졌으니 끝장이다. '오락'으로의 가치가 없는 오락잡지는 난감하다. 그도 그럴 것이 공허하고 추상적인 연설과 닮은 관념을, 그저 편의적으로 집어넣고 기계적으로 묶어낸 읽을거리가 탐욕을 불러일으키지 못하는 것은 너무도 당연한 이야기이다. 형편없는 기술력으로 (형편없기로는 소설 작법에 대해서든 편집 기술에 대해서든 마찬가지인데, 원래 독자를 낮은 존재라 경시하며 우습게 보고 덤빈 일이니 의도치 않게 빠지게 된 함정이다) 비겁하게 시국에 따르고자 문자 표면만을 꾸며댄들 사람을 움직일 수는 없는 노릇이다. 정신이 깃들어 있지 않고 혼의 근본이 없는 말 따위는 대개 비(非)시국적이다. 귀한 종이만 낭비하는 셈이다.

종이 낭비로 말할 것 같으면 대중오락잡지는 작년 가을이던가? 병사 위로용으로 특별히 종이 배급을 증가시켜 인쇄를 늘렸던 모양인데, 그만큼 많은 재고가 생겨 버렸다. 과장도 거짓도 아니다. 아깝다고만 하고 그냥 내버려두어서는 안 된다. 이는 깊이 반성해야 할 문제다.

그렇다고 병사들의 독서 정도가 굉장히 진전한 것도 아니다. 그러한 읽을거리와 잡지가 참담하게 시대에 뒤떨어진 것임이 '외지'이기 때문에 공연히 더 분명하게 드러난 것에 불과하다. 하물며 병사들이 전시색을 충분히 띤 읽을거리를 기피한다고 보기도 어렵다. 이미 전쟁을 겪은 횟수도 많고 고국을 떠나 오랜 시간이 경과하였지만, '여기에서 또 5년이나 6년 동안 제대가 연기되더라도 적을 철저히 박살내 버리고 싶다. 그러다 보면 일본은 괜찮을 것이다'라고 생각하는 그들이다. '곧바로 쓸모가 있'게 보이려는 얄팍한 의식으로 만들어진 읽을거리 따위는 외면할 뿐이다. 아니, '곧바로 쓸모가 있다'는 실용의 의미가 여태 잘못 해석되어 귀한 말에 담긴 영혼의 힘이 더럽혀진 것을 그들이 오히려 비판하는 것이다. 전쟁이 무엇인지 충분히 알고 있는 거대한 체험이 무의식 속에서 그들을 가르친 것이리라.

그 비판이 올바른 것에 비하여 일본 소설가들 중에는 진중하지 못한 자도 있어서, 관념적으로 비속해지는 것이 이러한 시대를 섬기는 길이라는 둥 천직의 의미도 자각하지 못하고 부박한 사고방식을 드러내고 있으니 한심하고 부끄럽다.

화제를 바꾸어보자면, 자바의 네덜란드인들이 읽던 책은 지극히 빈약했다. 버젓한 책방이나 부유한 가정의 서가에는 대부분 얼토당토않은 미국의 통속소설, 탐정소설 같은 싸구려 이야기책이 범람했으며 그런 책들로 보란 듯 꾸며져 있었다. 그림 같은 것도 잘 모르는지 근사한 금빛 액자 속에 담겨져 있는 것은, 우습게도 『Life』같은 10전짜리 잡지의 사진을 오려낸 것이거나, 자극적으로 채색된 영화잡지의 권두화 같은 것이었다. (자바 평정 직후 당시 바타비아[3]에서 가장 큰 출판사이자 소매점이던 코르프서점에 램브란트나 고흐 화집을 찾아보러 갔지만, 그곳에서 코끝에 안경을 걸친 네덜란드인 지배인들이 그들 나라가 낳은 화가의 이름도 모르더라는 사실에 얼마나 놀랐는지) 어쨌든 문화적인 면에서는 정말 말도 안 되는 상태였다.

여기에서 내가 직감한 것은, 이래서 전쟁에 약했던 게 아닐까 하는 점이다. 나라가 망하면 문화고 뭐고 없지만, 진정한 의미의 문화가 없는 나라라면 망하지 않겠는가? 앞에서 언급했듯 저속한 읽을거리를 혐오하는 무언가를 지닌 일본 병사들은, 바로 그 점 때문에 강인한 것이라고 힘주어 말하고 싶다.

············

3 Batavia. 오늘날의 북부 자카르타를 일컫는 네덜란드 식민지 시절의 이름으로 1942년까지 사용됨.

3

나는 게으른 편이라 예전에는 한 번도 일기 같은 종류를 쓴 적이 없었는데, 대동아전쟁 직전에 군대 안에서 생활하게 된 이후로 비교적 세세하게 기록하는 습관이 붙었다. 다음 문장은 그러한 일기나 메모를 난잡하게 적어둔 자바제 수첩에 있던 내용이다. '상륙 반년'이라는 말이 보이니 잘 알려진 대로 이것은 1942년 9월 초에 아마 단박에 썼던 것 같다.

오늘도 또 저녁이 가까워지자 높은 하늘에서 강한 바람이 울부짖기 시작했다. 눈을 감고 그 소리를 귀로만 듣고 있자니, 일본에서 부는 갈바람 같다는 그리운 착각이 일어난다. 무시무시한 신음소리를 낼 때도 있다. 일본은 지금 늦더위로 견디기 힘든 계절이겠지만, 그런 바람이 부는 자바는 겨울의 한가운데란다. 새벽 같은 시간 대에는 정말 선선하다. 무엇보다 내 살갗이 최근 6개월 동안 이쪽 기후에 익숙해지다 보니 남쪽 태양도 그다지 덥게 여겨지지 않는 것일지도 모른다. 일찍이 반텐[4]만 상륙 해전 이후 벌써 반년이 지나 버린 것이다. 눈에 보이는 뚜렷한 계절 변화가 없는 자바에서는, 매일매일이 비슷하게 되풀이되다 보니 몹시 단조롭기 짝이 없는

....
4 Banten. 자바 섬 중심도시이며 네덜란드어로 반탐(Bantam)이라고도 불림.

듯 하고, 또 생각하기에 따라서는 그만큼 아무런 색다른 점도 없고 가차 없이 시간만 거듭되는 인상이기도 하다. 그사이에 내가 '현지적 감각'이라고 부르는 우리의 감각이 실제로 이 토지 사람들과 비슷해진 점에 주의를 기울여야 한다. 앞서 말한 더위도 그 중 하나다. 어떤 경우든 원주민들은 제대로 옷을 갖춰 입는데, 조금이라도 더우면 금방 옷을 다 벗어던지고 싶어하는 우리는 처음에 이 점을 꽤나 기묘하게 느끼곤 했었다. 하지만 요즘에는 살짝만 살을 드러내도 그들이 '딩긴, 딩긴(춥다, 춥다)'이라며 몸을 웅크리고 말하는 기분도 살짝 수긍할 수 있게 되었다.

생각해 보니 상륙 당시에는 섬의 깊고 무성한 나무나 풀이 지나치게 선명하고 눈이 부실 지경으로 아름다운 초록색이어서 보통은 화르르 타오르는 듯한 꽃의 강렬한 원색에 압도되곤 했는데, 이제는 각별히 우리 눈을 붙드는 것이 없다. 일본으로 돌아간다면 일본 풍물이 몹시 수수한 것에 도리어 놀라게 되리라. 원주민 남자들이 여자가 입을 것 같은 화려한 색채나 줄무늬 옷을 입고 다니는 것을 보면, 익숙해지기 전까지 질렸다기보다 우스워서 도리가 없었다. 그것 역시 아무렇지 않아졌다. 아니, 이곳 풍경 전부에 걸쳐 있는 어떤 자극적인 원시색에 시각이 완전히 동화돼 버려 더 이상 눈을 휘둥그레 뜰 일이 없어졌다. 이러한 변화는 사소한 일들일까? 나는 그렇게 생각지 않는다. 이 사실은 다른 감각에 대해서도 말할 수 있으며, 또 만약 같은 사정이 관념에도 영향을 준다고 치면 실로 무서운 일이다. 그렇다면 조금 엉뚱하게 들릴지 모르지만, 결국 구체적인 현지 상황을 지나치게 반영한 의견이, 때로 그러한 면 때문에 오히려 정곡을 찌르지 못하는 경우도 있다는 점을 말하고 싶다. 특히 자바는 일찍이 교전상태를 벗어나 재건설 시기로 들어섰다. 표면적으로는 지나치게 평화롭다 싶을 정도로 평화로운 정황이다. 거기에 우리 서로가 경계해야 하는 간극이 있으며, 그러한 환경에 익숙해진 의견을 쉽게 품기 마련이다. 항상 12월 8일의 대조칙[5]을 마음에 받들고, 어떠한 상대와 전쟁을 벌이고 있는지 잊지 않았으면 한다.

그러나 겨우 반년 동안의 자바 재건설 자취는 놀랍다. 원래 네덜란드령이라고는 하지만 경제적으로는 중국인에게 지배되었고 생활 감정은 부박한 아메리카니즘에 이끌리는 이 섬은, 급속히 일본화하고 있다. 반텐에 상륙하여 고통스러운 행군과 절망적인 적 연합국의 저항도 며칠, 처음 집집마다 내걸렸던 항복의 백기는 일장기로 변했고 그것이 순식간에 온섬을 다 뒤덮었으며, 이후로는 직접적인 무력전 이외의 전쟁으로 옮아갔다. 지금 바타비아의 시가지에서는 해결해야 할 많은 난문제도 있지만, 인민들은 전체적으로 안거낙업하고 있다고 해도 크게 틀리지 않다. 대아시아의 일환으로서 갱생하려는 노력은 눈물겨울 따름이다.

지난 번에도 지금까지 실시되지 않던 방공연습이 군관민 일체로 굉장한 성공리에 속행되었다. 현재 내가 살고 있는 구역은 근처가 거의 네덜란드 장교 포로 내지는 도망자들의 빈집 같은데, 그때 이웃 사람이 대표로 방공과 등화관제 요령을 물으러 왔다. 라디오와 신문 포고만으로는 이해하지 못한 점이 있던 모양이다. 질문에 대답하여

....

5 태평양전쟁 개전 때 쇼와 천황(昭和天皇) 명의로 널리 포고한 '대미영 선전 조칙: 미국 및 영국에 대한 선전 조서(對米英宣戰の詔勅: 米國及英國二對スル宣戰ノ詔書)'로 전쟁 결의를 표명.

설명하자,

"그렇다면 적의 비행기 습격 사이렌은 이렇단 말이오?" 라든가 "그 신호는 적기가 완전히 도망쳐 버린 것을 말하오?"라며 일일이 꼼꼼하게 확인을 하였다.

나는 멍하니 그 적이라는 말을 사용하는 것을 듣고 있었지만, 문득 모한 기분이 들어서 상대방 얼굴을 보게 되었다. 그들 입장에서 적이란 대체 누구란 말인가? 하지만 오늘날에 이르러서는 실로 지극히 당연한 보통의 일처럼 일본과 자바의 적을 적이라고 부른다. 이로써 네덜란드인들의 국가 관념을 비웃을 수도 있을 것이며, 또한 우리 정치가 여기까지 이른 증거라고도 볼 수 있을 것이다.

무엇보다 조국이 없는 그들이 아무리 일본을 따라잡고자 해도 우리는 이미 그들을 상대할 필요가 없어졌다. 내 주거의 저쪽 길을 매일 아침, 매일 저녁 원주민 학동들이 〈애국행진곡〉[6]이나 〈우리 대군께 불리움 받은〉[7]을 소리 높여 부르면서 대오를 정렬하여 행진한다. 그러던 소년 한 명을 집 앞 광장에서 붙잡고 물어보았다. 광장은 낮 동안에 염소가 방목되고 있는데 바람이 불기 시작할 시각에는 어디에선가 작은 또뻬(회교모)를 쓴 아이들이 모여들어 일본과 똑같이 생긴 연을 날리며 논다. 그중 영리해 보이며 눈이 큰 소년이었다.

"──── 네덜란드 사람을 어떻게 생각하지?"

----

6 1937년 12월 발표된 일본의 국민적 애창곡으로 종전에 이르기까지 사실상 제2의 국가(國歌)처럼 취급.
7 이 노래 원제는 〈출정병사를 보내는 노래(出征兵士を送る歌)〉로 1939년 10월 발매된 군가. 시작 소절의 가사가 '우리 대군께 불리움 받은/이 목숨 영광스런 새벽녘'이라 첫 소절로 불림.

이야기가 그런 방향으로 흘러갔다. 처음부터 답변이 뻔한 질문을 한 것에 대해 나는 살짝 반성했다. 하지만 "싫어요"라고 분명하게 대답하는 소년의 표정에는 남의 안색을 살피는 듯한 비굴한 눈치는 전혀 없었다. 그런 의미에서도 강요된 것이 아닌 자발적인 태도여서 나는 안심했다.

"—— 왜?"

이 아이에게서 어려운 이유를 들을 작정은 아니었는데, 내친 김에 그렇게 대화를 이어갔다. 그러자 상대 소년이 이렇게 말하는 것이었다.

"—— 민족(방사)이 다른 걸요. 우리 인도네시아하고, ……"

"—— 그럼, 일본인하고는 같은 민족인가?"

"—— 네, 그럼요.(사야, 투완)[8]"

검은 눈을 크게 뜨고 말했다.

"—— 흠." 나는 언뜻 심술궂은 웃음을 띠었다.

"—— 정말 그렇게 생각하는 거야? 내가 보기에는, 봐봐. 너하고 나하고도 많이 다르잖니."

소년도 왠지 조금 쑥스러운 표정을 지었지만 결코 멈칫거리지 않았다.

"—— 네, 그래도 훨씬 훨씬 옛날에는 같았던 거 아닌가요?"

민족이 같은지 다른지가 모든 것이라는 소년의 단순하고 소박한 생각은 칭찬해야 하는 문제일까? 여기에는 온갖 복잡하고 번거로운

---

8 Saya, tuan의 원래 의미는 '네, 선생님'에 가까움.

인식 이상의 무언가가 있는 듯했다. 그것이 역사를 결정하는 거대한 의미를 포함한다.

여기에서 말하는 '지나치게 현지적 의견'에 관련한 어떤 사실도 있었던 것 같은데, 지금은 기억이 나지 않는다. 즉시 정정되어서였을 것이다. 기억나지 않는 게 오히려 좋은 일이다.

계절감에 관해서는 자주 하이쿠(俳句)[9]와도 관련되어 문제가 된다. 예의 우기와 건기는 누구나 알고 있는 것처럼 같은 자바섬이라도 지역에 따라 차이가 있는데, 대개 양력 4월 무렵부터 9월경까지가 건기이고, 나머지 반년은 강우기라고는 해도 오후에 한 차례 강하게 스콜이 있을 뿐이라 견디기 쉽다. 그 두 시기 사이에서 현지 주민들은 제대로 사계를 느낀다고 한다.

과연 자세히 보면 햇빛 그림자, 조석으로 냉기의 차이, 나무에서 비처럼 내리는 듯한 낙엽과 움터오는 새싹, 그때마다의 꽃과 과일 같은 것에 의해 역시 계절 차이를 알 수 있다. 인도네시아 말에 따르면 봄은 '꽃의 계절(무심 붕가)'이라고 하고, '과일 성숙기(무심 부흐)' 또는 수확기라는 의미가 가을에

....

9 5·7·5의 세 구(句) 십칠 음절로 이루어진 일본 특유의 정형 단시로 계절어 (季語、季題)가 필요함.

있다. 여름과 겨울에는 각각 '더운 계절(무심 페나스)', '추운 때(무심 딩긴)'라는 말이 해당하는데 실로 소박한 표현법이다.

무엇보다 이러한 미묘한 변화는 일본에서의 생활을 그대로 가지고 왔다면 그리 간단히 감지할 수 없었을 것이다. 상하(常夏)의 나라라고 일컬어지는 것처럼 단조로운 더위와 맞물려 그 때문에 육체나 신경에 어느 정도 이완이 일어나는 것은 어쩔 수 없다. 하지만 그것을 곧장 '남방의 얼빠짐/느슨함'이라 치부하고 싶지는 않다. 정말 듣기 싫은 말이다. 일본인이 그 정도의 악조건에 질 정도로 약한 정신력을 지니고 있다고는 믿지 않는다. 그런 허약한 신경을 가지고 어떻게 미증유의 발전을 이룩하려는 민족이라고 할 수 있겠는가? 만약 환경이 단조롭다면 그것을 극복할 만큼의 준비가 필요하다. 준비란 일이다. 현재 자바에서는 인력이 부족하다고는 하지만 사실 남아도는 측면도 있어서, 충분히 바깥세상의 장애를 극복할 만큼 일에 몰두하지 못하고 질질 끌고 있는 부분에서 불건전한 모습을 드러낸다. 말하자면 일의 단락 단락마다 인위적으로 계절을 붙여가는 것이 바람직하다.

학동들이 〈애국행진곡〉을 합창하면서 가던 것을 보다가 떠오른 것은 그들이 황군 상륙과 더불어 곧바로 병사들을 친숙하게 따르던 일이다. 중국 전선에서도 병사와 아이들에 관하여 여러 이야기를 들었는데, 실제로 황군 무사들이 아이들을 좋아하는 것은 무엇에 비유하면 좋을까? 그 동심 속으로 뛰어들어가 잘난 체하지 않고 친한 벗이 돼버리는 태도는 진정 황군의 어떠한 상징이기도 하다. 네덜란드령 시절에 인도네시아 아이들은 군대가 통과하면 집으로 들어가 숨었다고 한다. 하물며 병사놀이나 전쟁놀이 같은 풍경은 볼 수도 없었다는데, 일본의 평정 직후부터 이미 아이들은 병사 흉내를 내며 머리를 빡빡 밀고, 지방 사투리가 약간 들어간 일본어를 배워서 사용하고 싶어했으며, 노래는 쉽게 외워서 일찌감치 〈아아, 당당한 수송선〉[10]이나 〈황성의 달〉[11]을 자랑스럽게 불렀으며, 막대기를 들고 일본어 호령도 또랑또랑 가두 행진을 하곤 했다. 싸우는 병사들 스스로가 진정 최초의 선무자(宣撫者)이자 교육자이기도 했다. 병사놀이의 물결은 소년들에게서만 머무른 것이 아니라 점차 청년들에게까지 퍼져나갔다. 아니, 병사놀이라고 하면 안 될 것이다. 누구에게 배운 것도 아닌데 그들은 자발적으로 훈련을 개시했다. 티크나무 마을에서 만든 목총을 짊어지고 검술을 실시했다. 그런 일에는 원래 무관심했기에 자기들 신체를 단련하리라고는 예전같으면 꿈에도 생각지 않았을 그들이, 갑자기 오랜 동면에서 깨어난 듯 생기있게 움직이기 시작한 것이다. 그것이 청년훈련소나 청년단 개설로 이어졌고, 아직 충분히 만족하지 못한 인도네시아 장정들이 황군의 일부로 참여하고 싶어하는 동경과 열정은 병보(兵補)[12] 제도

....

10 1940년 쇼치쿠(松竹)가 만든 영화 〈새벽에 기도하다(曉に祈る)〉의 동명 주제가 중 유명한 가사 일부.
11 1901년 발표된 일본 창가(唱歌) 중 가장 유명한 곡.
12 제2차 세계대전 중에 일본군이 동남아시아 점령지에서 조직한 현지인 보조

로 이어졌으며, '우리의 섬은 우리의 손으로'라는 건강한 정신
은 향토방위 의용군 설치의 탄원이 되어 용솟음쳤다.

병을 이름. 군인이 아니라 군속에 준하는 형식으로 일본의 육해군부대의
편제 안에 들어가 일본군 장병의 지휘 하에서 전투 요원 또는 노동력으로
운용됨.

4

상당히 오래 자바에 체재하는 동안 누구나 말라리아나 뎅기열 정도는 걸리기 마련인데, 다행히 나는 아무 병에도 걸리지 않았다. 강건한 신체에 복을 받았다고도 할 수 있고, 또 하나는 가능한 한 원주민 생활에 준하여 지낸 것이 맞았던 모양이다.

그들이 적어도 하루에 한두 번 목욕(만디)을 하는 것은 새삼 말할 것도 없다. 새벽녘 상쾌한 시각과 저녁 일이 끝난 후, 단순한 목욕이라기보다는 강한 자극을 주기 위해 물을 찰싹찰싹 기세 좋게 살갗에 끼얹는다. 이슬람인 그들의 청정감을 위한 행위이기도 하지만, 이렇게 하면 자칫 느슨해지려는 육체 감각과 신경에 생생한 무언가를 부여할 수 있다. 아무리 자바가 열대지라고 해도 아침 저녁의 물은 꽤 차가울 때도 있다. 피부에 쭈뼛 소름이 돋는 경우라도 그들은 절대로 온욕은 하지 않으며, 애써 냉수욕을 한다. 일본인은 아무래도 온탕에 담그지 않으면 시원하고 깔끔해진 느낌이 들지 않는다고 하는데, 온수욕은 현지에서 별로 바람직하지 않은 모양이다.

그리고 향료의 섬사람들로 일컬어지는 만큼 그들은 고추, 후추 종류, 기타 식물성 조미료를 빈번히 사용한다. 그야말로 입이 돌아가고 목구멍이 따끔따끔 불타오를 정도다. 추운 곳에서는 보온의 의미로 이러한 향신료를 사용하는데, 남반구도 같은 상태였다. 둔해지기 쉬운 내장 움직임에 활력을 불어

넣는 것이 목적일 것이다. 또한 원주민들이 소금에 절인 생선을 좋아하는 것, 알이든 생선살이든 날것을 먹지 않는 것, 아침식사는 대개 커피만으로 가볍게 끝내는 것도, 생각해보면 현지에 적합한 위생법이자 건강법이다. 땀이 많이 나는 염천 더위에 일을 하려면 염분이 다량으로 요구되므로 한편으로 커피나 설탕도 더 섭취하고 싶어지는 것이 당연하다. 다행히 뒤의 두 가지는 그쪽 특산물이다. 참고로 상류계급에서는 커피에 우유나 염소젖을 듬뿍 섞지만, 일반사람들은 거르지 않고 찌꺼기가 떠 있는 진한 커피를 그대로 마신다.

낮잠도 그들에게는 필수 불가결한 휴양법이었다. 이렇게 말하면 왠지 게으름뱅이를 묘사하는 것처럼 들릴 것이고, 무턱대고 일을 하려는 일본인 중에는 그러한 습관을 혐오하는 사람도 있을 것이다. 그래도 우리 역시 어느 정도 이를 채용한다면 자칫 수면 부족이 되기 쉬운 적도 이남에서는 도리어 근로를 영속적으로 만들고, 결국은 보다 능률과 효과를 더 올리는 길이 될 것이다. 나도 처음에는 그들이 정확히 해가 높이 뜬 2시, 3시 무렵을 중심으로 노동을 멈추고 낮잠 자는 것을 보고, 정말 일반적으로 이야기되듯 인도네시아는 게으르구나 싶어 씁쓸했던 적도 있다. 그러나 잘 보다 보니 결코 그게 아니라는 것을 알 수 있었다. 자바섬 일대에 개척한 논과 그 풍부한 수확은 대체 누구에 의한 노동이었다는 말인가? 고무나무 숲, 세계 최고를 자랑하는 키나나무[13] 재배는 그들 손으로 이룬 것이 아니었던가? 설탕, 담배, 커피, 홍차, 향료, 케이폭나무 솜과 같은 어마어마한 특산물도 그들 땀의 결정체이다. 자바에서는 계절에 따라 다르지만, 정말로 해가 완전히 지는 것은 8시에서 9시쯤이다. 그 시간까지 부지런히 경작에 힘쓰고 물소 등에 올라탄 그들이 말 그대로 쏟아지는 듯한 남방의 별을 받으며 귀갓길에 오르는 목가적인 모습을, 잠깐이라도 이 섬을 여행해본 사람이라면 여러 번 보았을 터이다. 또한 도시에 넘치는 온갖 종류의 직인(투캉)이나 막노동자(쿨리), 각 가정에서 순종 그 자체인 양 일하는 허드렛 일꾼(종고스)이나 하녀(바부)가 안팎없이 봉사하는 모습도, 아는 사람은 다 안다. 시장(파사르) 갓길의 나무그늘, 집 뒤쪽 옷칠을 한 식당 복도, 혹은 그들의 초라한 집 바닥이나 겉의, 사람 눈에 잘 띄는 장소에서 잠시 동안 휴식과 잠을 취하니 자못 뒹굴거리는 인상을 준 것일지 모른다. 그러나 단연코 그들은 근면하다.

이야기하는 김에 덧붙이면, 인도네시아는 네덜란드령 동인도 시절부터 나태한 데다가 무기력한 사람들의 표본처럼 매도되어 왔다. 그러한 서양인들이 아시아인을 바라보는 태도와 선전에 더하여 현지에서 귀국한 일본인들까지도 그들에 대해 길이 잘 든 동물이라며 입에 올리기도 민망하게 막돼먹은 취급으로 잘난 척하는 예를 여러 번 보았는데, 참으로 난감

<hr />

13 Quinine tree. 한자권에서 기나수(幾那樹)라고도 하며 키가 큰 상록 교목. 나무껍질에 들어 있는 키니네(kinine)는 말라리아 치료제, 건위제(健胃劑), 강장제, 해열제 등으로 사용.

한 일이다. 그도 그럴 것이 오랜 식민지 시절에는 비인도적인 우민정책 때문에 무기력하기 짝이 없는 노예로 살던 그들이지만, 일단 일본 황민화의 세례를 받자마자 300년에 걸친 압제의 구름을 즉시 걷어내고 그들 본연의 모습으로 되돌아가고자 하는 것은 이제 누구나 아는 일이다. '무기력'한 그들은 자기들이 네덜란드에 속박되어 있던 그 멍에를 끊는 전쟁에 아무런 도움도 주지 못했던 것을 부끄럽게 여기고, 자바 평정 직후에는 어떻게든 황군의 일부에 참가하고 싶다는 열의가 자연발생적으로 광범위하게 일었다. 그 순수한 성심이 보답을 받아 병보 제도가 채택된 것이다. 처음에는 훈련이 너무 혹독함에 솔직히 놀라 살짝 뒷걸음치는 듯 보였지만, 곧 황군의 비할 바 없는 강인함을 만들어내는 요소가 바로 여기에 있는 것임을 깨닫고, 어느덧 늠름하게 성장했다.

한편 그들은 '향토 자바의 방위는 기필코 우리 자신들의 손으로'라며 군정 당국에 청원하였고 그 목소리가 점차 퍼져 온 섬을 뒤덮으며, 마침내 그 절절한 바람이 받아들여져 1943년 말에 향토방위의용군 결성에 이르게 되었는데, 그 열정과 용기에 가득 찬 모습 어디에 대체 '무기력자'의 그림자가 있단 말인가? 나와 같이 원주민 문학자들의 지도에 종사하던 어느 젊고 유망한 신진작가는 이때 이렇게 말했다.

"소설 같은 것을 쓰고 있을 수가 없습니다. 자바가 다시 태어나고 아시아가 부흥하기 위해서는 어디까지고 대동아전쟁을 완수해야 하는데, 이 자바를 지켜냄으로써 군정에 협력하는 것이 우리 청년의 의무입니다. 철저히 승리할 때까지 잠시 붓을 던지는 것도 어쩔 수 없는 일입니다."

그는 용감무쌍하게 향토방위의용군 깃발 아래로 뛰어들었다. 원래부터 문필을 하는 사람에게는 그 특성에 따라 이처럼 가열찬 전쟁 시국일수록 해야 할 중요한 임무가 산더미처럼 많게 마련이지만, 그것을 경시하고 무시하는 것은 천직을 자각하지 못하는 잘못이다. 그러나 나는 그의 과도한 말조차 기쁜 마음으로 들었다. 이런 의기만 있다면 괜찮겠다 싶어 한없이 믿음직스러웠고 감상적인 기분이 들었다. 그는 그 일의 중심적 인물이자 가장 활동적인 분자의 한 명이었으므로 그가 빠지면 지장이 생길 일도 여러 가지로 많았지만, 어떻게 그의 용솟음치는 정열을 막을 수 있겠는가? 실제로 당시 향토방위는 자신들의 힘으로 해내겠다고 마을(코타)에 촌락(캄풍)에 선풍적으로 일어난 목소리, 각 지방 장관들에게 제출된 혈서가 쌓였던 것을 떠올릴 때마다 내 가슴은 뜨거워지고, 그들에게 공감하는 흥분과 신뢰의 마음을 금할 수 없다. 그리고 그들은 지금 우리 황군의 지도 하에 못 알아볼 만큼 훌륭한 전사로서 쑥쑥 성장하고 있다.

자바를 자신들 손에 맡겨 달라는 강력한 외침은, 더욱 성장해 갈 청년단이 또박또박 발걸음을 내딛는 행진 속에서도 울려퍼졌다. 뿐만 아니라, 일본어와 일본의 정신을 배우고자 힘쓰는 각 학교의 학생들, 특히 오래된 네덜란드나 구미의 교화와는 전혀 상관없는 소학교 학생들의 순수한 책 읽는 소리에서도 들려온다. 그들은 이른바 전쟁 한가운데에서 처음으로 지식의 세례를 받은 때묻지 않은 자바와 아시아 문화의 후계자들이다. 그밖에도 인도네시아인의 맥박이 치는 새로운 활약은 일본 농법의 기술을 이입한 식량 증산, 혹은 목조선 건조, 섬유자원의 확립, 기계공업, 화학공장의 확충, 특수군수자원의 개발 등 지금까지 없었던 분야에까지도 펼쳐져, 실로 일본의 힘에 의해 급속히 빛나는 여명을 경험하고 있다. 이러한 양상을 보고 내가 감동적으로 느낀 것은, 그들에게 오랫동안 부여되던 '무기력자'라는 직함을 마치 거짓말처럼, 그리고 기적처럼 옛 주인에게 내던지듯 되돌려주었다는 사실이다. 그리고 일본인이나 그들이나, 어떻게 이렇게까지 일변할 수 있었는지에는 조금의 의문도 품지 않았다. 지극히 당연한 일인 양 오로지 승리라는 일대 목적을 향해 매진하고 있다. 자신들의 인도네시아에 대한 넓고 무한한 애정, 그들이 일본인에게 갖는 깊고 무한한 신뢰는 아름다운 자바섬에서는 실로 훌륭하고 단단하게 결부되어 있고, 대동아 문화공영권의 이상은 착실하게 앞으로 나아가고 있다.

인도네시아만이 아니다. 서양인들은 아시아의 식민지, 반식민지의 백성들 모두를 손도 대지 못할 게으름뱅이라 비웃고, 밟거나 걷어차도 괜찮은 얼간이라 바보 취급하며, 야만스럽고 무지한 미개인으로 치부해왔다. 그것이 그들의 독이 담긴 의도를 포함한 정치의 한 부분이었다. 여기에 같은 아시아의 일본인이면서 그러한 술수에 꼴불견으로 편승하여 혹시 자기 얼굴에 침을 뱉은 자는 없었던가?

이야기가 옆으로 샜지만, 다시 한 번 내가 흉내 낸 그들의 건강법으로 되돌아가 보자. 근로를 마친 후에나 밤에, 그들은 노래와 춤을 최대의 오락으로 삼는다. 남방 일대에서 음악과 무용을 몹시 좋아하는 것은 명랑한 그들 입장에서 당연한데, 자바도 그 사례에서 빠지지 않는다. 오래된 곡조의 순다열도[14] 민요, 중부 자바 풍의 낮은 읊조림, 그에 따르는 완만한 손놀림 발놀림, 누구든 부를 수 있으며 춤도 모두 알고 있다. 악기도 가믈란[15] 세트처럼 대대적인 것은 그림자 연극(와양 쿨리트)이나 인형 연극(와양 골렉)을 상연하는 경우거나, 또는 본식에서 추는 무용 스림피[16] 같은 것에 반주될 때 정도이며, 야자나무로 뒤덮인 마을 같은 데서는 호궁(레밥)이나 피리(술링), 종(공), 손북(끈당) 종류를 대충 갖추고, 개중에는 앙클룽이라고 해서 몇 자루의 길고 짧은 대나무 통을 그저 늘어놓고 흔들기만 한다. 물론 바이올린, 기타, 우쿨레레 같은 것도 수입되어 있어서 그들은 손재주 좋게 연주할 수도 있다. 맑은 달밤이야 말할 나위도 없고 어두침침한 야자기름(미냑 케라파) 등불 아래에서도 상당히 밤늦게까지, 술도 마시지 않는 그들이건만 이 즐거

----

14 순다열도(Sunda Islands)는 인도네시아의 주요 부분을 이루며 말레이반도에서 몰루카제도까지 뻗어 있는 열도.

15 Gamelan. 자바나 발리에서 볼 수 있는 인도네시아를 대표하는 청동제 타악기 세트로 철금, 실로폰, 북, 징 등의 다양한 악기로 편성됨.

16 Srimpi. 세림피(serimpi)라고도 하며 인도네시아 자바의 의례적이고 고전적인 여성 춤.

움에 취하여 시간이 가는 것을 잊고 심신을 모두 위로받는다. 재미있는 것은 현대풍 가요곡(커롱총)도 있고 미국식 재즈 노래도 흘러들어오기는 했지만, 재즈도 예전 일본인이 한 것처럼 원형 그대로 수입하거나 가사 같은 것도 직역하지 않았다. 한껏 자바 풍으로 편곡하고 노래에도 완전히 그들 생활감정을 담아서, 마치 다른 것처럼 바꾸어 만들었다. 부박한 일본 악사들보다는 견식 있는 태도라 말할 수 있을 정도다.

다음으로 청결을 몹시 중시한다. 그들이 빨래를 좋아하는 모습은 결벽한 일본 여성들을 떠오르게 한다. 이것도 회교(이슬람)의 부정을 극도로 꺼리는 교리에서 나온 것이라고도 할 수 있는데, 오히려 종교 이전의 본성처럼 비쳐졌다. 몸 자체를 깨끗이 하는 것은 목욕뿐 아니라 온갖 육체의 분비물을 씻어버리는 습관으로도 알 수 있다. 시골에서는 원시적 방식으로 하천물에 몸을 헹구거나 하는 모습을 자주 보게 된다. 열대 지방 이치에 맞는 위생법이다. 물을 청정하게 보는 그들이 담갈색 하천에서 빈번히 몸을 씻고, 옷까지 빨아 입는 것을 너무 지저분하다고 쓰는 글을 자주 보게 되는데, 이것도 이상하다. 수도나 우물을 이용하지 못하는 시골이나 기타 등지에서는 어쩔 수 없이 밀크커피처럼 탁한 강물을 이용한다. 하지만 그 물이 탁한 것은 토질의 탓일 뿐, 화산대인 자바섬 거의 전면에 걸쳐 인도네시아인은 어디에서도 예전부터 졸졸 흐르는 맑은 물이라고는 본 적이 없다. 말하자면 그들 입장에서는 토양 일부를 포함한 물은 투명하고 아주 맑은 것이나 마찬가지인 것이다. 더불어 재미있는 현상은 그러한 탁류에서 세탁한 옷은, 하얀 천에도 다른 색이 전혀 스미지 않고 순백색으로 마른다는 사실이다. 특별히 비누도 쓰지 않고 기슭의 돌에 걸쳐두기만 할 뿐이니, 그 물속에 무언가 표백하는 요소가 포함된 것일지도 모르겠다. 게다가 그들은 고여 있는 물이야 더러워지지만, 흐르기만 한다면 어떠한 경우든 아름답고 깨끗하다는 관념을 가지고 있다. 그처럼 너무도 동양적인 사고방식에는 미소가 지어진다. 그러한 이유로 몸과 살갗에 걸치는 것을 늘 산뜻하게 해 둔다. 옷도 이미 상당히 색이 바래거나 찢어져 있을지언정 결코 때가 묻어있거나 땀으로 절어 있지는 않다. 가정에 고용살이하는 사람이라도 하루에 두 번 정도는 반드시 옷을 갈아입는 것을 목격할 수 있다.

다음은 과일이다. 남쪽 나라라고 하면, '여기저기에 색채 다양한 진귀한 과일이 풍부하게 열매를 맺고, 따먹고 싶을 만큼 먹을 수 있고, 먹다 질리면 벌렁 누워 잠이 들 것이다. 그러니 그 주민들은 먹을 걱정도 없고 날도 덥기 때문에 옷에 마음을 쓸 일도 없으며 일을 하지 않아도 되니, 그러한 연유로 게으름뱅이가 되는 것이다'라는 이치와 비슷하며 아주 간단한 결론을 누구나 들은 기억이 있을 것이다. 하지만 이렇게 어리석은 이야기도 또 없으리라. 일단 자바 같은 곳은 과일이 정말 많기는 하다. 두리안, 호박, 망고, 망고스틴, 파파야(도쿠우), 용과(사오우), 람부탄 등 언뜻 떠오르는 대로만 나열해도 일본에서는 볼 수 없는 특산물이다. 파초(삐상)가 얼마나 여러 종류가 있는지 놀랐고, 감귤(쥬럭) 종류도 다양하다. 하지만 원주민들이 그것들을 자유롭게 따먹을 수 있는 것은 아니다.

　예를 들어 다음과 같은 광경은 어떠한가? 그러니까 부락(캄풍) 어디든 파초 나무가 무성하고 훌륭하게 잘 익은 바나나송이가 묵직하게 늘어져 있다고 하자. 그런데도 부락민들은 시장(파사르)이나 노점(와룽)으로 물건을 사러 나가는 김에 만약 여유가 있으면 파초(삐상) 한 그루를 구입하고, 역시 파초잎 섬유로 만든 끈을 늘어뜨린 채 기쁜 듯 귀가한다. 그리고 식후에 아주 신나게 껍질을 벗겨 먹는 광경이다. 나로서는 너무도 기묘하게 보여 도리가 없었다. 그가 조금만 고개를 돌리면 가게에 팔다 남은 것이 아니라 아름답고 색도 좋은 나무들이 줄줄이 열매를 맺고 있다는 사실은 이미 말했다.

　하지만 잘 생각해보면 과수원에는 각각 주인이 있으니 아무나 자유롭게 따먹을 수 있지는 않다. 과수원이 아니라도 나무에는 각각 주인이 있어서 마음대로 비틀어 딸 수도 없다. 그러니 과일 나라에 살면서 그들은 빈약한 수입을 쪼개 그것을 구매해야 하는 것이다. 일반적으로 빈곤한 원주민은 정말 아무것도 가지고 있지 않다. 더구나 그 가격은 다른 물가에 비해 비교적 비싼 편이다. 그렇지만 또 과일에 대한 기호와 입맛은, 아니나 다를까 매우 발달해 있다. 특히 두리안의 계절이 되면 무엇을 전당 잡혀서라도 이것을 사 먹으니, 에도(江戶)[17] 토박이가 초여름이 되면 가다랑어 맏물[18]에 편애를 쏟는 것과 닮았다. 나도 애써 이 토지 특유의 그러한 과일들을 섭취하려고 노력했다. 다만 개중에는 기막히게 강렬한 남방다운 심한 이취를 내뿜는 과일도 적지 않다. 일본인들은 그 냄새에 두 손 들고 먹지도 못한 채 싫어해 버리는 경우가 많은 것 같은데, 처음에 먹기 힘든 만큼 하늘이 내린 좋고 묘한 맛이 있으며 영양 또한 풍부하다는 것이 아이러니이다. 막상 입에 넣어 보면 냄새도 그리 나지 않아 금방 익숙해지고, 점차 그 악취조차 좋은 맛의 일부가 된다.

건강법이니 뭐니 요란하게 떠들어대지만 특별히 대단할 일도 없다. 풍토병, 전염병, 열병도 예방만 충분히 한다면, 흉부에 질환이 있는 사람을 빼고 자바는 누구나 건강할 수 있는 곳이다. 적도를 지난다고는 하지만 일본의 한여름 같은 무더위는 없다. 나무 그늘 아래나 집안에만 있어도 훈풍이 살갗에 선선하며, 한낮의 더위가 밤까지 집 안에 남아 있는 바람에 잠을 못 잔 경험도 없다.

---

17 도쿄(東京)의 옛 이름.
18 초여름에 일찍 어획하여 처음 시장에 나온 가다랑어. 에도에서는 맏물 가다랑어 먹는 것을 자랑으로 여기는 풍습이 있었음.

5

1942년 기원절(紀元節)[19]을 가없는 남쪽 대양의 수송선 위에서 맞이한 우리는 천장절(天長節)[20] 좋은 날을 자바섬에서 축하드릴 수 있었다. 더구나 이미 이 섬의 평정이 이루어지고 원주민과 더불어 기쁨을 서로 나눈 것이 더할 나위 없이 고마운 느낌이었다. 마침 그때 나는 유서 깊은 도시인 욕야카르타로 출장을 가 있었다.

약 2개월 예정으로 선전자료 수납을 위해 온 섬을 돌아보라는 명령을 받고, 4월 15일 아직 바타비아라는 구칭으로 불리던 지금의 자카르타를 출발하여 각지를 거쳐서 이 유서 있는 토후(술탄)가 다스리는 땅에 왔다. 여기에서 체재하면서, 유명한 보로부두르의 거대한 불적이나 수성(水城, 타만 사리)을 촬영하고, 경비 병사를 위문하였으며, 토후나 원주민들을 위해 영화 모임을 열기도 하여 어느덧 닷새가 흘렀다.

낮 동안에는 멀리 촬영하러 나가고 밤에는 영화 모임을 계속했는데, 원주민들에게는 일본 소개의 예로써 〈우리 육군의 정예(我が陸軍の精鋭)〉, 〈일본의 해군(日本の海軍)〉, 〈대공업도시 도쿄(大工業都市東京)〉, 〈일하는 여성들(働く女性たち)〉과 같

......

19 제1대라 일컬어지는 진무천황(神武天皇)의 즉위일로 2월 11일. 1948년 폐지되었다가 1966년 이후 '건국기념의 날'로 부활.

20 천황의 생일을 일컫던 호칭으로 당시 쇼와 천황의 생일은 4월 29일.

은 소위 문화영화를 보여주었다.

그러한 영화를 보고 싶어하는 그들의 열의는 뭐라 형용할 길이 없었다. 몇 십 킬로나 떨어진 촌락(캄퐁)에서 소문을 듣고 모여들어서 영화를 보고 밤새도록 걸어서 되돌아간다. 상영이 끝나도 여전히 계속 모여들어서 심야까지 몇 번이고 반복해서 틀어주어야 했다. 그럼에도 여전히 새로운 관객들은 끊이지 않는다. 오늘밤에 더 이상 상영이 없다고 하면, 회장 바깥에서 그냥 누워 자며 내일을 기다리겠다 대답하고는 사롱(Sarong)을 어깨까지 끌어올려서 서늘한 밤이슬을 막고 잠들어 버린다.

사실 이튿날에는 그 지역을 일단락하고 떠날 예정이었지만 어쩔 수 없이 그들 마음에 이끌려 하루 더 머무는 지경에 이르렀다. 원주민들이 어떻게 해서든 일본을 알고 싶어하는 그 소박한 열정에 패배한 셈이다.

욕야카르타도 그러한 예에서 빠지지 않았다. 더구나 그 행사는 천장절 봉축행사와 결합해서 이루어지기까지 했다. 토후 같은 사람도 왕족 귀족들과 더불어 특별히 관람에 참여하였는데, 일본의 실정에 조금이라도 접하게 된 그들은 감동을 금하지 못하는 듯 보였다. 영화를 통해 비로소 일본에서 항공기나 자동차, 군함이나 기선이 생산되고 있다는 사실을 알고 너무 놀랐을 정도이다. 그들은 그러한 것이 다 미국에서 수입되는 것이라고만 생각했다. 적의 선전을 믿고 있었던 것이다. 예전 네덜란드의 라이덴대학에서 유학했던 왕족 한 명은 곧장 도쿄로 유학을 가고 싶다는 희망을 전했다.

지식층이나 상류계급에조차 일본의 실제 모습이 잘 알려지지 않은 상황이니, 하물며 인도네시아 일반인들의 경우는 상상 이상이었다. 하지만 네덜란드령 동인도 당국이 방해하고자 그들에게 눈가림을 했지만, 그들이 남몰래 품고 있던 일본에 대한 관심과 사모, 존경의 염은 결단코 감소시키지 못했다. 따라서 활동사진(감바르 히두프)을 통해 진정한 일본의 단면을 알게 되자마자, 그것만으로도 경이와 찬탄은 배가되었고 너무 기뻐 어쩔 줄 몰랐다. 혀를 차는 것이 원주민의 과장된 감정 표현법인데, 그들은 늘 영화상영 중 자주 쯧쯧쯧 혀차기를 반복하며 흐뭇하게 갈채의 기분을 표현했다. 우리 함대의 출동과 포격, 수많은 공정 뒤에 완성된 비행기가 당당히 편대를 짜서 적지를 폭격하는 모습, 기계와 마주한 여공들의 다부진 작업 모습, 그러한 장면에서는 그들 사이의 분위기는 항상 크게 동요하였고 환호성이 올랐다.

어느덧 4월 29일[21] 경축일이 다가왔다. 보로부두르의 유적을 촬영하기 위해 왕복하면서 멜라피 화산의 연기가 뿜어나오는 것을 바라보던 마겔랑 거리에서, 원주민들이 손에 무언가를 감은 대나무를 한 자루씩 들고 있는 것에 눈길이 갔다. 그들

----

21 쇼와천황(昭和天皇)의 생일. 1927년부터 1947년까지는 천장절, 1948년부터 1988년까지 천황탄생일, 1989년부터 2006년까지 '초록의 날(みどりの日)', 2007년 이후로는 '쇼와의 날(昭和の日)'로 호칭이 변화함.

은 시장(파사르)에서 돌아가는 길이었는데, 모래 먼지가 일어나는 왕복 길을 개미처럼 뒤이으면서 모두 그 대나무를 소중한 듯이 들고 있었다. 뭘까 궁금했는데 그것이 종이로 된 일장기라는 것을 금방 알 수 있었다. 그들 입장에서 처음 맞는 천장절을 축하하기 위한 것이었다.

참으로 빈틈이 없는 장사치인 화교가 아마 판매했겠지만, 원주민들은 그 종이로 된 작은 깃발을 손에 들고 몹시도 환한 표정이었다. 그 둥근 해(마타 하리)는 규격에 정확한 비율로 원래 크지도 작지도 않다. 하지만 황군의 진격을 기쁘게 맞이하던 무렵의 그들은 아직 일장기의 흰 바탕과 붉은 원의 비례를 몰랐다. 그들이 흔들어 대는 급조한 수제 깃발에 너무도 작아서 점 같이 생긴 붉은 원이 있기도 했고, 터무니없이 커서 겨우 네 구석에 흰 바탕을 조금만 남긴 경우도 있었다.

하지만 이제는 다르다. 일본 국기를 본 적 없던 그들은 이제 그 모양을 잘 알게 되었다. 초목이 무성하고 깊은 중부 자바의 야자나무 잎으로 된 지붕, 대나무로 지은 낡은 벽 농가의 기우뚱한 처마 끝에 떠오르는 아침 해 같은 일장기가, 천장절 아침 바람에 펄럭이는 모습을 떠올리며 우리는 진정 감개무량했다.

28일 밤에는 욕야카르타 군정부의 현관문에 온통 봉축 장식등이 켜져 밝고 눈부셨다. 그 밝기가 원주민의 마음에도 비쳤고 마을 전체가 밤늦게까지 북적였다.

드디어 경하스러운 아침이 왔다. 우리는 엄숙하게 요배(遙

拜)의 의식을 마치고 밖으로 나갔다. 봉축의 깃발과 글자로 뒤덮인 대로는 어마어마한 인파였고, 마차(안동)와 자동차도 잘 나아가지 못했다. 경비대가 시가행진을 하거나 군정부에 토후가 인사를 가기도 하였고, 아이들의 깃발 행렬을 구경하고자 하는 잘 빼입은 군중들이 가득했다. 경축일(하리 라야) 분위기가 온 시내에 흘러넘치고 들끓었다. 그때 다음과 같은 포고가 공표되면서 원주민들의 기쁨은 한층 더 커졌다.

대일본군 사령관은 대일본제국 천황의 탄신 당일인 본 4월 29일을 기하여 크나크신 어심을 받들고 새로이 폐하의 능위 하에 들어오게 된 현지 주민들에 대하여 다음과 같은 사항을 발령한다. 직무자 및 백관들은 각자 조사하여 해당자로 하여금 빠짐없이 성은을 받을 수 있도록 기해야 한다.

1. 대일본군에게 복종하고 우리에게 협력하다 전투에서 목숨을 잃은 자는 그 영령을 표창하고 유족을 구휼한다. 양민으로서 이번 전쟁에서 싸우다 쓰러진 자는 그 영령을 공양한다.
2. 황군의 진의를 잘 이해하고 특별한 능력을 통하여 진정 적극적으로 대일본제국의 본도 통치에 공헌하려는 자는 중용한다.
3. 무고하고 선량한 관민으로 네덜란드령 동인도 정권의 압제 정책 때문에 체포되어 옥사에 있는 자는 특별사면한다.
4. 천진난만한 원주민 아동들이 학업을 멈춘 것을 가엽게 여겨 그 준비를 다하는 동시에 노력하여 신속히 학교를 개설한다.

5. 현지 양민들이 악성 질환이나 불치병에 고통받는 것을 구하고 또한 이것이 전파하는 것을 막기 위하여 적절한 제시설을 마련하며 시여(施與) 시설을 만든다.

6. 자바섬 전체의 지명에 네덜란드령 동인도 압제의 인상이 현저한 곳에 대해서는 적절히 개명한다.

7. 현지 주민 포로 중 대일 전쟁 때문에 특별히 소집되었던 평민 및 단순히 호구지책으로 군직에 있으면서 일본에 대한 명확한 전의 없이 종군한 군인으로 누구든 새로운 군정에 충성하는 자는, 그 정상을 참작하여 사태에 따라 차차 귀향 복직시킨다.

모두 일곱 건으로 전쟁 때문에 재화를 입은 인도네시아 민중을 생각하는 따뜻한 당국의 처치였다. 그 게시판이 있는 곳에 글도 읽지 못하는 자들까지 새카맣게 무리지어 있었다. 우리가 군정부의 건물 안으로 들어가기 힘들 정도로 그곳 철책도 사람들로 북적북적했다.

토후(술탄)는 예의 카인을 두르고 단도(크리스)를 등에 단 정장 차림으로 누군가 받쳐준 황금 우산을 쓰고 수레에서 내렸다. 안으로 들어가 장관에게 경하의 말을 전한 뒤에 바깥 현관으로 나와서는 봉축단체의 인사를 받았다.

장관과 토후는 단정한 자세로 서서 잇따라 입장하는 그들을 맞이했다. 어린아이들이 한바탕 이어졌다. 자바 말로 축사를 낭독하고 천황 수명이 만세에 이르기를 외쳤다. 그리고 이미 능숙해진 〈애국행진곡〉을 부르며 퇴장한다.

청년들 단체는 음악대를 선두에 내세우며 왔는데, 일본 군가와 착각을 한 것인지 〈수도 서북쪽(都の西北)〉[22]이라는 와세다대학의 교가를 연주하기 시작했다. 그러나 그 표정이 너무도 엄숙한 것이 성심을 담은 것이었다.

고아수용소의 아이들만큼 가여운 아이들도 없는데, 똑같이 옷을 맞춰 입힌 이곳 어린애들이 깃발을 흔들며 다리를 높이 들고 용감히 행진해 들어왔다. 황민화가 여기까지 이르렀구나 싶은 감동 없이는 볼 수 없는 풍경이었다. 화교총회의 기나긴 축사와 선서도 화려했다.

우리 촬영부대는 이러한 모습들을 여러 각도에서 캄캄한 카메라 상자 속에 담고 있었는데, 수라카르타로 출발할 시각이 다가왔다. 그래서 우리는 여전히 계속되는 행렬이나 그날 밤의 행사는 접고 군정부에서 물러나 인파 속으로 나섰다.

---

22 정식 명칭은 〈와세다대학 교가(早稻田大學校歌)〉인데, '수도 서북쪽 와세다의 숲에……'로 시작하는 가사의 첫 구절로 통칭됨.

6

아직 총포 연기의 냄새도 남아 있던 무렵의 자바에서, 더구나 동부의 아주 시골인 케데일리주 브리타르, 여기는 수카르노[23] 씨의 출신지인데, 지나가는 원주민에게 길을 물었더니 생각지도 못하게 일본어로 알려주기에 깜짝 놀랐다. 그 무렵은 이미 1942년 5월 상순이었으니 어느 곳에 가더라도 인도네시아인들 사이에서 일본어 열기가 어마어마하여, 개중에는 내용깨나 날림인 것도 있었겠지만, 일본어 회화 길잡이나 간이 독학서 종류가 제법 나와 있었으므로, 한두 마디 정도 들은들 크게 놀랄 일은 아니었다. 하지만 그 두건(카인 케팔라)을 쓰고 목이 닫힌 흰 상의에 선이 접힌 허리 천(카인 핑강)을 두른 몸가짐 반듯한 청년이, 정말 막힘없이 유창하게 길을 가르쳐주더니,

"같이 모셔다 드릴까요?"

이런 말까지 덧붙이는 데에는 나도 모르게 눈을 둥그렇게 뜨고 상대 얼굴을 보았다. 그럴 것까지는 없다고 말했다. 그랬더니,

"그럼 또 뵙지요"라며 가려고 한다. '사요나라'라는 말은 꽤 널리 퍼져 있었는데, 이런 경우 약간 어울리지는 않아도 '그럼

------

23 Sukarno(1901~1970). 민족의 지도자로 일컬어지며 1945년 독립전쟁 후 인도네시아 초대 대통령을 역임한 인물.

또 뵙지요'라는 인사말을 들은 것은 이때가 처음이었다. 나는 그를 불러세워서 어떻게 그리 일본어(바하사 닛폰)를 잘 하는지, 일본에 유학했던 것은 아닌지, 전쟁 전에 수라바야나 어딘가에서 일본인 상점(토코)에서라도 일한 것인지 질문했다. 하지만 그렇지도 않았다. 황군 상륙과 더불어 공부를 시작했다는 대답이었다. 현재 그는 경비대에 근무하고 있다고 했는데, 그 점 때문에 상황이 딱 들어맞은 것도 있지만 어쨌든 감탄하는 수밖에 없는 능숙한 언어능력이었다. 게다가 군대를 통해서 학습하는 사람들에게 흔히 있는 군대 출신 지방에 따른 사투리조차 느껴지지 않은 것을 보면, 그를 지도한 일본인이 올바른 표준어를 알고 있기 때문이었던 모양이다.

아직 국어교육이 조직적으로 이루어지지 않은 당시에 원주민의 왕성한 일본어 열기에 부응하여 자연발생적인 일본어 교사를 자처한 것은 각 부대의 병사들이었다. 전투가 한바탕 잠잠해지면 원주민들, 특히 아이들이 병사들에게 친하게 굴며 그 주위에 모여든다. 아이들이 조르며 묻는 것에 대해, 그런 일에 익숙하지 않은 병사들이 손짓 몸짓에 온갖 지혜를 짜낸 궁리를 통하여 친절하게 귀찮아하지도 않고 설명하며 가르쳐준다. 그 대신 병사들도 지금까지 외국어 같은 것과는 전혀 인연이 없었지만, 어느샌가 소위 시장(파사르) 말레이어도 의외로 잘하게 되어, 시정의 일상 용도로 쓰지 않을 수 없게 되었다. 마침 그 무렵 바타비아 시가지에서 목격한 풍경인데, 어떤 병사가 외출할 때마다 광장 한 구석에서 아이들을 모아 일본어

창가를 연습시키거나 이야기를 들려주거나 했다. 병사 입장에서 외출일이 얼마나 기다려지는지 아는 사람이야 다 알겠지만 그 아쉽기 짝이 없는 짧은 시간을, 예전에 무슨 버젓한 교직에 있던 사람도 아닌 그가 부탁도 받지 않은 일에 바친 것은, 병사로서 참으려야 참을 수 없는 마음이 들어서였다. 그리고 이와 비슷한 사례들이 많았던 것도 누구나 알고 있는 바이다.

실제로 황군 용사들이 인도네시아인에 대해 가진 애정 넘치는 태도는 진무(神武)천황[24]의 정신을 고스란히 체현하는 것으로 숱한 화제를 남겼다. 원주민들이 자바 작전에 종군했던 당시의 병사들을 지금도 여전히 그리워하고 흠모하는 정도는 상상 이상이다. 실상은 네덜란드령 동인도 정부의 선전(宣傳) 활동도 있었기 때문에 대하기 두려웠을 텐데도, 솔직히 말해 그 후에 온 많은 일본인들보다 그때 그 병사들을 훨씬 따랐던 모양이다. 심복하는 방식이 다른 점도 보였는데, 황군의 속 깊은 본질에 대해 말해야 하는 입장에서도 향후 자바에 대해 중대한 책임을 지는 사람 모두가 조심해야 하는 일이다.

이야기가 옆으로 샜는데, 이러한 군대 내의 자발적 일본어 교사의 경우, 그들의 출신 지방 사투리가 정직하게 배어나오는 것은 아무래도 막을 수가 없었다. 그러니 예를 들어 어느 마을에서 아이들이 도호쿠(東北) 방언에 가까운 말을 쓴다고

----

24 일본의 초대 천황. 일본국을 건국하였다고 일컬어지는 신화적 인물.

치면, 거기 경비대는 오우(奧羽)지역[25] 무사의 후예일 것이며, 규슈(九州) 사투리나 말버릇이 배어 있다면 진제이(鎭西)지역[26] 용사의 영향을 받은 원주민일 터였다. 그것은 금방 티가 났다. 방첩 문제상 이렇게 티가 나면 바람직하지 않다고 호들갑스럽게 농담할 정도이다. 그래서 앞에서 기록한 브리타르 청년처럼 올바른 발음을 구사할 수 있는 경우는 드물었다는 것이다.

원주민의 일본어 열기는 점차 조직적으로 취급되며 일본어학교 창설로 이어졌고, 또 소학교도 개교하게 되면서 계통적으로 학습할 수 있게 되었는데, 여기에서 금방 당면하게 된 문제가, 역사적 가나(假名) 사용[27]을 할 것인가 발음식으로 할 것인가, 원주민에게는 지극히 어려워 보이는 한자를 어떻게할 것인가 하는 것들이다. 또한 가로쓰기나 로마자에 익숙한 그들에게 용이하도록 그 방법을 채용하는 것이 어떻겠는가하는 의견마저 들려왔다. 생각해 보면 모두 일본 내에서도 충분히 해결되지 않은 국어를 둘러싼 여러 문제들이, 전통이 없는 현지에서 일어나는 일인만큼 가장 단적인 형태로 초미의 급선무로써 제기되는 것이다.

원래 문교 당국에서는 하나하나 확고한 방침이 있었겠지

----

25 도호쿠 일부 지역을 일컫는 옛 호칭.
26 규슈 일부 지역을 일컫는 옛 호칭.
27 1940년대까지는 지금처럼 발음에 부합하는 일본어 가나 표기를 하지 않고 옛 표기 방식을 따랐는데 과거의 표기 습관을 따른 가나 사용.

만, 아직 국학의 전통이 없는 현지인 만큼 용이함과 효과만 서둘러 추진한 나머지, 혹은 원주민의 능력을 운운하다가 아주 그럴 듯한 편의주의로 빠질 염려가 있다. 요컨대 어디까지고 우리의 언령(言靈)사상[28]을 존중하고 싶다. 인도네시아인이 일본어에 동경심을 품어 반드시 이 정신을 부여받아야 하는 것은 새삼 말할 나위도 없으며, 이는 일본 정신을 널리 퍼뜨리기 위함이다. 그리고 우리 국어는 단순한 매개나 수단이 아니라 말 자체가 곧 일본의 마음이라는 근본적인 의의를 분명히 파악했으면 한다. 현재의 국어 학습이 몹시도 어려운 일이라 대동아 각지의 원주민들이 적응하도록 개변하거나 어떠한 방법을 마련해야 한다는 주장은 일견 현실에 따른 실제적인 사고방식 같지만, 그 가면 속에 무서운 사상이 숨어 있음을 간과해서는 안 된다. 국민 수준이 낮은 자에게 가르치는 것이라고 해서 어떠한 의미에서든 일본어를 낮추는 것은 실상 불가능하며, 만약 가능하다면 그것은 이미 진정한 일본어가 아니게 될 터이다. 우리 언령사상의 신성함을 모독하고, 그러한 것을 널리 전수한들 뭐가 어떻게 되겠는가? 그냥 무익한 것에서 그치는 것이 아니라 일본 정신을 선포하는 데에 있어서 지극히 커다란 해악을 끼칠 것이다. 국어를 그저 기호로밖에 생각하지 못하는 사람들 중에는 야마토(大和)[29]의 말이 대동아어로

....

28 고대부터 말에는 영력이 깃들어 있어서, 좋은 말을 하면 좋은 일이 일어나고 불길한 말을 하면 흉사가 일어난다고 믿은 일본의 사고방식.

비약해야 한다는 요청을 핑계로, 요즘 일본어 자체를 정비하여 평이하게 만들어야 한다고 논하는 자도 있는 모양이다. 앞의 주장이 국지적, 일시적인 것에 비해, 이 주장은 일본어 전체를 근본적으로 개변해야 한다는 말이다. 그러나 전자가 도달하는 바는 결국 후자와 같은 논의점으로, 둘 다 수단 때문에 가장 중요한 주체성을 말살하고 역사를 잊은 국어관이라는 공통된 근거에 입각한다. 무엇보다 일본어는 대동아어가 될 수 없다는 불순한 전제에서 출발하여, 각 현지 주민이 이를 받아들일 능력이 없다는 서구식 근거 없는 판단이 뒷받침된 이 주장을 용서할 수 없는 것이다.

요컨대 우리 언령사상을 존중하지 않는 어떠한 방책이든, 설령 한때 편의적으로 빠른 효과를 얻는 것처럼 보여도 결국 일본어가 왜 널리 통용되어야 하는지 그 거대한 의의와 목적을 상실하는 결과를 초래할 뿐이다. 오래된 식민지 의식에 근거한 언어정책 따위는 이번 대전쟁과는 아무런 상관이 없다. 아니, 오히려 반대로 모든 과거 관념과 싸우는 것이 성전의 근본 뜻이라고 생각한다.

무엇보다 우리는 이 시기를 맞아 특별한 의미에서 반성해야 한다. 우리의 일본어가 얼마나 본래의 근성을 잊고 형편없이 타락해 있는지, 다른 사람에게 가르치는 입장이 되어서야

....

29 고대 일본을 부르는 말.

비로소 자각하게 되었다. 언제인지 모르게 우리 자신은 불순함에 어지러워지고 비천하며 속악한 일본어를 사용하고 있지는 않은가? 그것을 알아차린 것이 인도네시아인들을 위해 편찬된 각종 교본을 보게 된 이후였다. 예를 들자면 끝도 없을 정도로, 특히 회화에서 너무 심한 사례가 있다는 사실에 소름이 끼친다. 부박한 한두 마디가 횡행하고 나쁜 영향을 받은 구미의 문맥이 들어와서 섞였다. 밝고 맑고 곧은 우리 국어의 혼이나 어조가 서구식 발상법에 마구 짓밟혀 흔적도 없어졌다. 위의 경우와 마찬가지로 이를 원주민에게 가르치는 것은 백해무익하며, 일본인으로서 실로 부끄러운 일이었다. 가르치는 자가 먼저 다시 배울 필요가 있다. 내 발밑을 돌아보고 올바른 근원에 되돌아가 서서 자기를 재확립해야 하는 것이 현재 상황이다. 담대하게 이 사실을 인정하고 오히려 이런 시기가 조금이라도 빨리 온 것을 고마워해야 할 것이다. 사실 전쟁은 온갖 것에 그러한 기회를 주려고 벌어지는 것이다.

네델란드인의 정책은 주지하는 바와 같이 원주민에게 네델란드어를 주입하지 않는 방식이었다. 노예인 그들이 우수한 백인의 말을 사용하는 것은 가당치도 않은 일이었다. 자신들의 대화가 그들에게 이해되는 것을 달가워하지 않은 것이라고도 할 수 있으며, 한편으로 부주의하게 네델란드어로 말을 걸거나 대답을 한 자바 사람은 질책받거나 벌을 받았다고 한다. 그러니 원주민 입장에서도 그런 말에 무관심해지는 것은 당연했을 것이며, 도리어 자바섬에서만 순다어, 자바어, 마즈

라어, 기타 옛 외국령을 다 포함한다면, 열 몇 가지의 고유어를 공통 인도네시아어로 통일하려고 했다. 그 자체가 민족운동의 일익이기도 하며 실제 유력한 무기가 되기도 했다. 참고로 일본에서는 이를 말레이어라고 통칭하고 있는데, 네덜란드령 동인도에서는 그 무렵 습관으로 인해 인도네시아어라는 별개의 성격을 갖는 호칭을 쓴다.

하지만 지금은 사정이 많이 달라졌다.

새롭게 황민화의 세례를 받은 지극한 행복 속에 다시 태어난 그들은, 기꺼이 일본어와 일본의 정신을 철저히 해석하는 영광스러운 길로 부지런히 나아갈 수 있게 되었다.

1943년 가을, 어느 초등학교 수업을 참관했다. 한 학급에서 니노미야 긴지로(二宮金次郎)[30]가 슬퍼하는 어머니를 위해 다른 곳에 맡겼던 막내 동생을 데리고 돌아오는 부분을 읽었다. 이제 한자도 꽤 잘 아는 교실인지 선생님이 칠판에 써놓은 한자를 설명한다. 막내 동생이라는 부분에서 질문을 한다.

"이 막내라는 글자는 앞에도 나온 적이 있는데 기억하고 있느냐?"

인도네시아 소년소녀들은 "네, 네." 기운차게 손을 든다. 스토모 군이라 지명된 남학생이 일어서서 제1과에서 배웠다고 대답한다. 선생님이 거듭 물었다.

---

30 19세기의 경세가 니노미야 손토쿠(二宮尊德, 1787–1856)를 말함. 어린 시절 가난을 이겨내고 일가의 재흥과 농촌개량을 이룬 실천주의적 인물.

"좋아, 뭐라고 나왔었지?"

스토모 군은 "네, 신의 말대(末代)이신,"

여기까지 말하더니 어투를 바꾸어 "차렷"하고 엄숙하게 호령했다. 교실 전체가 자세를 올바르게 확 바꾸었다.

"신의 말대이신 천황 폐하, 라고 되어 있었습니다."

부동자세를 취한 자바 소년은 보리밀 색 뺨을 긴장시키며 똑똑하게 대답했다. 나는 그의 뒤에 서 있으면서 말할 수 없는 감동이 가슴속에서 끓어올라 넘치는 눈물을 멈출 수가 없었다. 고마웠다. 그저 이제 그 빛을 받을 천황의 위덕이 황송하고 감사했다.

황군이 자바에 상륙하고 나서 아직 만 1년 반 정도밖에 지나지 않았을 무렵의 이야기이다.

7

처음에는 느릿한 포성이었다. 그러다 점점 격렬하게 울려 퍼졌다.

상륙 예정 지점에서부터 적의 저항이 시작되었구나 생각했다. 우군이 여기에 엄호사격을 가하는 것이려니 여겼다.

어두침침한 선창은 한층 무더워졌다. 병사들은 그 좁고 답답한 장소에서 이미 장비를 다 갖춘 상태였다. 축축한 구명조끼까지 걸쳤다. 구명조끼는 수송선 내에서 기나긴 취침과 기상 생활을 할 때 베개를 대신해 준 것이었다.

무슨 벌레인지 오늘 밤도 변함없이 치치치 소리내며 울고 있다. 오래된 화물선 배 밑바닥에는 작년에 벌레가 낳아둔 알이, 남쪽으로 가까워지는 따뜻한 기운에 속아 일찌감치 부화한 것이리라. 찌르찌르 하며 고국의 가을 느낌을 병사들 마음에 불러일으키고 단조로운 해상 생활을 위로해 주었다. 상륙 명령을 기다리던 병사들은 잠자코 그 소리에 귀를 기울였다. 벌레울음이 뚝 그쳤다. 생생한 포성이 작렬하며 배가 몹시도 흔들리고 있었다.

병사들은 인솔되어 갑판으로 나간다. 그곳은 이미 전쟁터였다. 바삐 오가는 전령들과 거뭇거뭇 여기저기에 무리지은 병사들의 점호 소리와 높고 날카로운 호령 소리, 그런 소리들은 발사음과 폭발음이 천지를 뒤흔드는 가운데서도 지극히 인상적으로 귀에 들어왔다.

이때 포성이, 적이 있는 기슭에서 나는 것이 아니라 해전이 벌어지는 데서 오는 것임을 알았다. 우리 선단이 정박지로 진입하는 것을 지켜보던 미국, 네덜란드, 호주 연합함대의 적들이 만의 입구를 틀어쥐고 공격을 가해 온 것이다. 호위함대가 여기에 격렬히 응전했다. 서로 포화를 토해내던 양쪽 군함이 밤의 수면 위에 떠 있었다. 그 사이에서 예광탄이 기분 나쁜 붉은 선을 천천히 그린다. 머리 위에서 적기가 조명탄을 계속 떨어뜨리자 바다는 한낮처럼 밝아진다. 투하한 조명탄의 거대한 물기둥이 아주 가까운 모양인지 분명하게 보였다.

소란한 야전에 긴장한 병사들의 눈이 그 격렬함 저편에 있는 곳과 산으로 향했다. 그곳이 기다리고 기다리던 자바였다. 그들은 오늘까지의 긴 항해를 떠올렸다. 남쪽 바다를 제압하고 나아가는 대선단은 톱니바퀴 모양으로 전열을 짜고, 톱니바퀴 모양으로 진군했다. 앞을 봐도 뒤를 봐도 적란운이 솟아오른 수평선 저 끝까지 모조리 우리 배들로 뒤덮여 있었다. 적의 습격을 눈치채고 역행하는 경우도 있었지만, 병사들은 어제 왼편에서 뜨던 태양이 오늘 오른편에서 솟는 것을 보고 그 사정을 파악할 따름이었다. 개중 몇은 선원들에게 적도를 넘었다는 말을 듣고, 뜨거운 바다를 내다보며 남십자성을 보고는 '그렇구나. 정말 멀리도 왔구나' 싶어 지도를 살피기도 했다. 겨울에 기지를 출발했던 그들은 갑자기 더위의 한가운데에 놓여 몸도 닦지 못하고, 물과 땅을 잃은 부자유스러운 생활 속에서 한시라도 빨리 상륙 예정지에 도착하고 싶었다.

도중에 잠수함이나 적기가 나타날 적도 있었는데, 문자 그대로 위풍당당하고 거대한 수송선 무리가 그들 마음을 든든하게 해 주었다.

파도 사이를 나는 새를 본 것이 언제였던가? 해원을 넘어 이제 섬이 가까워지자 두근대는 마음을 다스리기 어려웠는데, 마침내 자바가 눈앞에 가로놓여 있었다. 점점 격렬해지는 해전도 그들을 전혀 불안하게 하지 못했다. 위험하다고 느끼지 않은 것은 해군에 모든 것을 맡겼다는 안도감 때문이었다. 또한 육군 병사가 무엇을 할 수 있겠는가 하는 손 내밀 방도조차 없는 기분 탓이기도 했다. 그저 상륙용 주정(舟艇)이 마중 나오기를 기다릴 뿐이다.

마침내 주정이 왔다. 한 사람씩 불안정하게 흔들리는 동아줄 다리를 잡고 내려간다. 과연 배에서 내린다는 사실에 일종의 흥분을 금할 수 없었다. 선박병이 위와 아래에서 소리를 질렀다. 그리 멀지 않은 곳에 폭탄이 명중한 듯한 큰 소리가 났는데, 아군인지 적군인지 알 수가 없었다. 아무 말 없이 주정에 다닥다닥 붙어 자리를 잡자 발동기가 규칙적으로 큰소리를 일정하게 냈다.

갑판에 남은 병사로부터 무언가 환호성이 일었다. 제각각 먼저 출발하는 부대에게 축하의 말을 하는 것이었는데, 소음에 소리가 묻히지 않게 하려고 어조는 고양되어 있었다.

주정은 어떤 침로(針路)를 선택한 것인지, 수송선 열을 따랐다가 멀어졌다가 했다. 파도가 그리 많아 보이지는 않았지만, 너무 무턱대고 노도를 헤치고 가는 듯한 질주였다. 병사들은 머리를 숙이고 묵묵히 웅크리고 앉아 있다. 이따금 쏴하고 물보라가 튀었지만, 그게 주위에 줄줄이 늘어선 듯한 물기둥 탓인지 아닌지는 확실히 알 수 없었다.

그러한 병사들 속에 나도 타고 있었다. 그 순간 강한 빛과 뜨거운 열풍이 철모 위로 느껴져서, 나는 문득 머리를 배 가장자리에서 들었다. 가능하면 광경을 눈에 담아두고 싶어서였다. 그러자 뒤에서 누군가가 두들겨대듯 질타를 날렸다.

"――누구냐! 멍청한 놈, 목숨이 아깝지 않은 거냐?"

바닷바람에 단련된 또렷하게 들리는 굵은 목소리였다. 돌아보니 조타를 맡은 주정장이었다. 남에게 그렇게 말하는 그는 속옷 한 장에 구명조끼만 걸치고 거칠게 굴린 몸을 거의 대부분 포화 속에 드러낸 채 열심히 커다란 키 손잡이에 매달려 있다. 각지의 상륙작전에 응전해 온 노련한 병사임에 틀림없었다.

나는 혼나면서도 인왕상처럼 떡 버티고 선 그의 모습을 감사하며 바라보았다. 적 앞을 상륙하는 이 기술자에게 모든 것을 다 내맡겨도 괜찮다고 생각했다.

하지만 배는 좀처럼 육지에 닿지 못했다. 나중에 들으니 겨우 1해리 정도의 거리였다는데 시간이 상당히 걸렸던 느낌이다.

"――내려!"

"——뛰어들어!"

이윽고 쇠로 된 주정은 얕은 물 쪽으로 올라갔고 선박병이 명령했다.

"——고맙습니다."

"——고맙습니다."

마침내 온 것이다. 아이처럼 오로지 기쁨의 감정이 흘러넘쳐 '와' 하는 함성을 지르고 하선하였다. 허리 위까지 오는 물 높이에서 병사들은 모두 비틀대며 달렸다. 산호초가 뾰족뾰족한 바닥은 단단했으며 심하게 울퉁불퉁해서 군화로 발딛기도 좋지 않았다. 정말 걷기가 어려웠지만 그런 건 아무래도 상관없었다. 미지근한 물을 차듯이 육지를 향해 쇄도했다.

여기에도 이미 독립 공병(工兵)부대가 활동하고 있었는데 나중에 올 각종 차량을 위해 바쁘게 선창을 가설하고 있다. 키 큰 야자나무는 좋은 재료였으므로 잇따라 베어 쓰러졌다. 뭍으로 올라온 무선담당 병사들은 벌써 서둘러 자가발전기를 웅웅 돌려가며 조작을 실시하였고 연락을 돌리기에 여념이 없다.

우리는 정해진 장소에서 젖은 구명조끼를 벗고 점호를 받은 후 다음 명령을 기다렸다. 그러는 사이, 아주 잠시 동안이었지만 우리는 주위를 되돌아볼 여유가 생겼다.

누구나 다 느낀 것은, 경계까지 꽉 차오른 감정이나 숨 막힐 듯한 기쁨도, 이렇게 마침내 자바섬에 진정으로 첫걸음을 찍고 보니 갑자기 다른 것으로 변질되어 버렸다는 사실이었다. 그게 기쁘지 않다거나 그런 말도 안 되는 일일 리 없었지만, 예를 들어 서로 얼싸안고 울거나 그 정도까지는 아니더라도 서로 손잡고 춤출 정도의 기분이야 들 줄 알았다. 하지만 실상은 달랐다. 몇 십 일째만인지 오랜만에 밟아보는 흙의 부드럽고 분명한 감촉에도 비교적 담담했다. 전에 없던 대대적 도양(渡洋) 작전이라고 일컬어지며 병학의 상식을 초월하여 어려운 원거리를 극복한 끝에 이루어진 상륙치고는 왠지 모르게 가슴 속이 허전했다. 오히려 얼빠진 표정으로 서로의 얼굴만 바라보았다.

"── 결국 왔구만."

누군가 살짝 고의적이며 호들갑스러운 억양으로 외쳤는데, 그렇게라도 하지 않으면 지극히 당연해서 아무런 고생도 않고 온 듯 태연한 이 마음 상태를, 우리 신경이 버틸 수 없을 것 같았다.

1킬로 정도 근방에 포진해 있던 적의 포열은 저항할 수 없으리라 판단하자마자 일찌감치 패주해 버렸다. 해전은 여태 지속되었다. 하지만 지금은 먼 곳의 우렛소리를 듣는 듯하였고, 이쪽 곶 그늘에는 이상한 적막이 지배하고 있었다. 지금까지 광기 어린 굉음의 한복판에 있었던 만큼, 보초 경계를 서는 병사의 보고나 잇따른 양륙작전의 분주함조차도 거뭇거뭇 움직이는 그들 그림자에서 도리어 고요한 무언가가 느껴졌다.

그때 병사들은 무언가 기억에 남아 있는 냄새를 문득 맡게 되었다. 뭐라 할 수 없이 그리운 냄새였다. 뭘까 생각했다. 그와 더불어 눈앞을 휙 날아가며 파랗고 작은 빛이 반짝였다. 화들짝 놀랄 틈도 없이 금방 꺼졌다가 다시 저쪽 풀숲에서 하나 둘, 희미하게 깜박이다가는 꿈결처럼 가로질러간다. 정신을 차리고 보니 지점 가까이, 강한 향의 미풍이 불어오는 곳에 그 빛들이 떠오르듯 꽤 많이 무리지어 있다.

"── 반딧불이 아니야?"

그게 틀림없었다. 그리고 흐르는 향은 고향 산천과 똑같이 감도는 향긋한 벼꽃 냄새라는 것도 알게 되었다.

"── 흐음."

자기도 모르게 신음을 내뱉는 자가 있었다.

갑자기, 아니 사실은 아까부터 파악하고 싶었지만 파악되지 않던 것이 이제 겨우 분명해진 것인데, 나는 기묘한 생각에 빠졌다.

'── 여기는 낯선 곳이 아니야. 언젠가 와 본 적이 있어.'

말할 나위도 없이 그런 경험은 한 적이 없다.

'── 아니다, 온 적은 없지. 하지만 분명히 알아.'

이상한 논리이지만 강력한 실감이 뒷받침된 부동의 사실이었다.

'── 나는 모른다 쳐도 내 몸에 흐르는 피가 이 섬을 잘 알고 있어.'

가슴 속에서는 집요하게 그러한 감상적 표현조차 끓어올랐다.

나도 모르게 입 밖으로 꺼내 주위 병사들에게 그런 이야기를 했다. 그랬더니,

"——어, 당신도 그랬소? 사실 나도 계속 그런 기분이 들지 뭐요.……"

"——맞아. 그런 느낌이 들어 견딜 수가 없더군."

나 혼자만의 감개가 아닌 점도 흥미로웠다.

사람은 이러한 착각에 자주 빠진단다. 일본에 있을 때도 자주 일었던 심리상태였다. 하지만 이런 경우라서 무언가 더 강하고 뿌리 깊게, 멀리 안개에 가린 태고의 창연한 기억이 생생하게 되살아오는 느낌이다.

금방 깨달았다. 새삼 상륙하여 이곳을 평정했다는 기세, 흥분, 신기함, 그런 것에서 오는 들뜬 기분이 일어나지 않았던 것은, 바로 이곳이 결코 무연하고 낯선 타지가 아니라는 마음속 잠재의식이 시킨 일임을 알게 된 것이다. 그것에 연결된 것임을 똑똑히 보았다.

더욱이 진격을 지속하면서 태양을 숭배하는 원주민이 우리를 처음부터 친숙한 듯 환영해 주는 모습이나, 시골 마을의 마치 작은 사당처럼 네 기둥에 지기(千木)³¹를 세우고 양쪽으로 흐르듯 풀을 덮은 지붕 아래에서 사는 그들의 생활을 보고,

....

31 일본 신사(神社) 건축에서 지붕 양끝에 X자 형식으로 교차시켜 대들보를 받치는 목재.

풍요롭게 살랑이는 아름다운 논밭을 바라보며 후지산과 닮은
산이 많은 고원의 길을 갈 때, 우리가 받은 인상이 올바르다는
것을 절절히 느끼며 관찰할 수 있었다.

8

'단식호장이영왕사(簞食壺漿以迎王師)'[32]라는 중국의 말이 있는데, 우리가 자바에 상륙한 이후 원주민들의 태도는 정말 이 표현 그대로였다. 적극적인 전의를 일찍이 상실한 적들은 거리의 아쌈나무 가로수를 쓰러뜨려 우리 쪽의 진격을 저지하는 방법을 취했다. 다소 아이 장난 비슷하고 우스운 잔꾀 같이 보였지만, 무거운 장신구를 걸치고 열대지방의 거목을 타 넘거나 그 아래로 빠져나가는 일이 수고로운 것이야 말할 나위도 없었고, 정신적으로도 꽤나 지치는 일이었다. 보행부대조차 그러한 지경이었으니 각종 차량은 양륙했어도 곧바로 전진하지 못하는 상태였다. 특히 빠른 속도를 이점 삼아 한꺼번에 도망치는 적을 섬멸하려던 부대는 그 특수한 병기들 때문에 도리어 곤혹스러웠다. 새롭게 구축된 토치카[33]는 사용하지도 않은 채 도망쳐 달아났음에도 불구하고 황군의 정예부대는 이러한 장애물들에 골머리가 썩었고, 이를 일소하지 않고서는 척척 나아갈 수 없는 상태였다.

그러다 3월 1일 밤이 새고 우리가 세란 주의 보조네고로 마을 가까이까지 왔을 때, 한 무리의 인도네시아 사람들이 나

....

32 『맹자』에 나오는 말로 '대그릇에 밥을 담고 병에 장국을 담아 왕의 군대를 환영한다'는 의미.

33 러시아어 tochka. 콘크리트나 흙주머니 같은 것으로 단단히 쌓아올린 사격 진지.

타나 그 쓰러진 나무들을 치우는 것을 보았다. 쉽사리 길가에서 옮겨낼 수 있는 것이 아니었다. 경우에 따라서는 나무를 두세 등분으로 자르거나, 혹은 겨우 군대가 통과할 만큼의 여지를 만드는 등 그들은 부지런히 일했다. 누구에게 부탁받은 일도 아니었다. 또한 보수를 예상하고 한 행동도 아닌 듯했다. 우리가 통과할 때마다 기쁜 듯 엄지손가락을 들어올리며 '젬폴, 젬폴'[34]하고 외쳤다. 아직 만세를 외칠 줄 몰랐던 그들은 그러한 표현으로 황군을 환영했다. 앞으로 일어날 전투에 두려움을 느끼며 산속 어딘가로 피난해 있던 그들은, 태양이 떠오르자 마을로 돌아와서 마침내 일본군이 상륙했다는 소식을 듣고 그들 방식으로 협력하기 시작한 것이다. 처음에는 남자들뿐이었지만 시나브로 부녀자들도 아무런 위구심 없이 속속 부락으로 되돌아왔다. 네덜란드령 동인도 정부의 선전 내용에 따르면 '야수와 같이 야만스러운' 일본인을 접대하기 위해서였다.

그들은 집 앞에 차 마시는 장소를 만들고 과자를 제공했으며 과일을 내밀었다. 군대가 잠깐 쉬면 재빨리 야자열매를 떨어뜨려 대접해 주었다. 약간 달달하며 풍미 있는 그 과즙은 하나만 있어도 서너 명이 마른 목을 실컷 축이기에 족했다. 덕분에 물통의 물을 손대지 않고 아낄 수 있었다. 행군할 때

....
34 Jempol. 엄지손가락을 말하며 좋은 것을 의미함.

앞서거니 뒤서거니 하며 부락에서 부락으로 역전(驛傳)식으로 짐을 운반하겠다고 자청하는 젊은이도 있었다. 일찌기 군표(軍票)[35]가 아주 예전부터 유통되고 있었던 모양인지, 내미는 쪽은 물론 받는 쪽에서도 지극히 당연하다는 표정이다. 날이 지남에 따라 길가로 뛰어나와 네덜란드 화폐를 군표와 교환해 달라고 요구하는 경우가 늘었다. 그런 것은 도리어 소지하고 있는 게 불안했을 것이다.

과장이 아니라, 원주민들이 신군의 전투가 다가온다며 고대하는 심정을 한껏 표현하는 모습이 이 정도일 줄은 생각지도 못했다.

○

밥그릇에 넣은 야자유(미냑 케라파)가 조용히 타오르며 방(빌퀴)을 어두침침하게 밝히고 있다. 심한 우레소리를 동반하며 쏟아지던 비가 그치면서 밤공기는 갑자기 차가워졌다. 어느 나무에선가 큰 도마뱀붙이(토케크)가 시끄럽게 울어댔다.

어제는 파초잎으로 몸을 둘러싸고 야영하면서 어마어마한 모기떼와 개미, 기타 눈에 뵈지도 않는 벌레에 시달린 끝에 아침 무렵에는 집요한 적기의 기총소사를 받기도 했는데, 오

....

35 전쟁터나 점령지에서 군 작전 행동상 필요한 물품을 구입할 경우 쓸 수 있게 한 특별 화폐.

늘 밤 숙소는 조악하기는 했지만 대나무 침대도 있고 암페라도 제대로 깔려 있는 민가였다. 준비한 모기향만 잘 피우면, 방충 장갑이나 속옷 위로 습격해 들어오는 모기에도 그리 괴롭힘당하지 않고 휴식을 취할 수도 있다.

부락민들의 호의로 작은 닭은 통째로 구워서 잘라 먹고, 소금에 절인 것인 줄 모르고 삶았다가 너무 짜서 소리를 내지른 오리알까지 먹으며, 진지 내부에서는 사치스러운 저녁식사를 마쳤다. 각반(脚絆)도 벗지 않고 그냥 벌렁 누워 자던 신세였는데, 이미 뒤쪽 우물에서 땀과 진흙을 닦아내어 개운한 기분이 되었다.

멀리 뒤쪽에서 희미하게 포성이 이어졌다. 귀를 쫑긋 세웠지만 그 소리는 금새 그쳤고 주위는 다시 원래의 고요함으로 되돌아갔다. 전쟁 중이라고는 여겨지지 않을 자바의 밤이었으며, 간혹 생각이라도 난 듯 큰 도마뱀붙이가 날카로운 소리를 냈다. 야래향 꽃인지 몹시도 자극적이고 달콤한 냄새도 감돌았다.

그때 한 병사가 갑자기 소리쳤다.

"이봐 이봐, 이거 뭐지?"

무언가 싶어 보니 대나무를 짜서 만든 벽에 신문지나 오래된 종이가 발라져 있는데, 그 중 한 장, 이라기보다는 그 얼룩진 종이들을 붙여놓은 것조차 찢어진 가운데, 시간이 얼마나 지났는지 완전히 갈색으로 칙칙해진 인쇄 사진이 보였다. 언제 적 것인지 원래는 두꺼운 종이였을 터인데, 약해져서 조금만 손을 대도 부스스 찢어질 듯하여 극히 일부분만 원형을 유지하고 있었다. 이렇게 어두침침한 가운데 몽롱한 사진 형태를 발견한 병사의 시력도 대단하긴 했는데, 그 사진은 누구나 보고 있는 동안 '아!'하고 알아차릴 게 틀림없는 종류였다. 바로 도고(東鄕) 원수님[36]의 초상이었던 것이다.

"── 램프를 가져와봐."

정말 도고 원수님이다. 흔히 볼 수 있는, 정장을 입고 근엄하며 겸허한 표정을 띤 제독이었다. 사진은 어깨 언저리에서 비스듬히 하반신이 잘려 있었지만, 예전에는 제대로 침대 머리맡에 장식되어 있었던 듯했다.

"── 흐음."

왠지 모르게 신음하는 자가 있었다. 정말 그렇게 신음을 내뱉는 수밖에 없었다. 고국에서 멀리 떨어진 여기 이국 초목이 무성한 시골에서, 더구나 전투가 한창인 와중에 성스러운 일본 군인의 초상을 발견하게 되리라고 누가 상상이나 했겠는가.

"── 흐음."

모두는 비슷한 탄성을 내질렀다. 갑자기 온통 야자유 냄새가 배어 있고 다 쓰러져가는 이 집을 다시금 깊은 친애의 마음으로 둘러보게 된 것도 사실이었다. 상륙한 이후 인도네시아

----

36 도고 헤이하치로(東鄕平八郎, 1848−1934). 해군 군인으로 러일전쟁 때 러시아 발틱함대를 무찔러 '동양의 넬슨'으로 일컬어짐. 1913년 원수에 올랐고 정계 진출 없이 해군으로서 일생을 마침.

사람이 우리에게 보여준 여러 최대치의 후의도, 과연 그래서
였구나 하고 수긍할 만한 느낌이 들었다. 이 일과 무슨 관계가
있는 것처럼 여겨져 견딜 수가 없었다.

"―― 그런데 어째서 이 사진이 이런 데에, ……"

너무 당연한 의문이었다. 여러 의견이 나왔지만 아무래도
시원하게 풀릴 수는 없는 의문이었다. 하지만 서로 이야기를
나누는 사이에 점차 그것이 이상한 일도 무엇도 아닌, 그냥
있을 수 있는 일이라는 식으로 흘러간 게 재미있었다.

자바 평정 이후에 동부를 돌던 나는 산속 농가에서 역시
똑같은 석판 인쇄 초상을 보았다. 그것도 한두 번이 아니었
고, 또한 도고 원수님만이 아니라 노기(乃木) 대장[37]의 것도 있
는가 하면, 일본해 대해전[38], 펑톈(奉天) 입성[39], 뤼순(旅順) 폐
색대[40]의 활약 같은 그림도 있었다. 일부러 우리를 자신들 집

....

37 노기 마레스케(乃木希典, 1849-1912). 육군 군인으로 청일전쟁을 거쳐 1896
　년에는 타이완 총독. 러일전쟁에서 대장으로 승진. 메이지 천황이 서거하자
　아내와 동반으로 자인하여 생을 마쳤고, 무사적 신비주의자로 후대에 큰
　영향을 끼침.

38 1905년 5월 27일부터 이틀 동안 도고 헤이하치로가 지휘하는 연합함대가
　러시아의 발틱함대를 쓰시마(對馬) 앞바다에서 맞아 싸우고 승리한 해전.
　한반도의 동해를 일본에서는 일본해라고 부름.

39 1905년 3월 벌어진 러일전쟁 최후의 대규모 육상전. 양측의 타격이 컸지만
　열흘 만에 일본이 펑톈 점령에 성공.

40 뤼순은 1897년부터 러시아에 점령. 러시아군 근거지로 러일전쟁 최대 격전
　지. 러시아 해군을 해상에서 봉쇄하는 작전이 일본의 폐색 작전이었으며
　그 작전에 임한 부대가 뤼순 폐색대.

으로 끌고가서 득의만면하게 그림을 손가락으로 가리키는 인도네시아 사람도 있었다.

이 사람이 누구인지 아냐고 물어보니 그저 위대한 사람(트완 푸사르)이라고 한다. 그리고 일본인은 모두 위대하다고 덧붙인 다음, 전쟁화에 관해서는 일본이 강하다, 세다 라며 찬사를 보였다. '오랑 브랑다는 안 된다. 일본군이 내쫓아 버렸으니까'라며 그들의 성격을 잘 모르는 사람이 들었더라면 경박한 추종이라고 할 만한 말을 계속해서 내뱉는다. 하지만 우리는 이제 그들이 어떻게든 일본인에 대한 신뢰감과 친밀감을 고백하려고 노력하고 있다는 것을 알았다. 그러니 표정 풍부한 웃는 얼굴이나 다분히 과장된 말투도, 다른 뜻 없이 순수한 것이라 별로 불쾌하지도 았았다. 참고로 '오랑 브랑다'는 네덜란드 사람을 부르는 말이지만, 서양인들을 의미할 때도 있다.

"── 그런데, 대체 이런 사진이나 그림은 어떻게 손에 넣었을까?"

그 질문에는 아무도 대답하지 못했다. 일본인이 주긴 했겠지만 그 다음은 분명하지 않다. 왜 주었는지, 저 멀고 먼 옛날 일이니 기억하는 자도 없다. 하지만 그런 것을 오랜 세월 소중하게 남겨둔 인도네시아 사람들 마음속에는 분명히 무언가가 있다. 그리고 그러한 석판 인쇄가 말없이 그들에게 작용한 의미 역시 가볍게 볼 수 없겠다는 생각이 들었다.

나는 귀국하고 나서 혼고(本郷) 아카몬(赤門)[41] 앞의 기우치

고서점(木內古書店)에서 1911년 11월판 『자바의 돈벌이(金儲け の瓜哇)』[42]라는 책을 발견했다. 이토 나오야(伊藤直矢)라는 사람 의 저술로 오우라(大浦) 자작[43]의 머릿글, 시부사와(渋沢) 남작[44] 의 서문이 달려 있다. 책 앞의 사진 몇 장들은 당시의 자바를 살짝 엿보기에 충분한 희귀한 사진들이며, 점경의 인물들로 보이는 화교들은 아직 변발의 모습이다.

그 책 57쪽에 자바에서는 우리나라(=일본) 사람의 매약(賣 藥)행상업이 실로 성행인데, 거기에 '니시무라(西村) 아무개가 러일전쟁 석판화와 함께 천금단(千金丹)[45]을 팔며 다니는 것이 매약행상의 효시다'라고 쓰여 있다. 나는 이 한 줄을 몹시도 흥미롭게 읽었다. 일본이 대국 러시아를 이긴 것이, '동양인

....

41 도쿄대학의 상징물 중 하나. 1826년 가가(加賀) 지방에 만들어진 것이 1877 년 혼고에 있는 도쿄대학으로 이전되었으며 지붕이 있고 붉게 칠해진 출 입문.

42 1911년 11월 도쿄의 실업지세계사(実業之世界社)에서 발행된 192쪽 짜리 서 적으로 자바 관련 14개의 테마로 장이 구성되고 말레이어 회화가 부록. 저자 상세 정보나 기타의 저술 활동은 미상.

43 오우라 가네타케(大浦兼武, 1850-1918). 관료정치가. 현지사, 경시총감, 농 상무대신, 체신대신, 내무대신 등의 요직 역임. 1915년 선거간섭 용의로 고 발되어 같은 해에 인책 사직함.

44 시부사와 에이이치(渋沢栄一, 1840-1931). 근대 일본자본주의의 아버지라 일컬어지는 실업가로 경제, 사회, 교육, 문화사업에서 크게 활약하였으며 최종 작위는 자작. 2024년부터 만엔 지폐의 인물로 그의 초상화가 채용될 예정.

45 납작한 판 모양의 초콜릿 색 약으로 잘라 먹을 수 있게 되어 있으며 복통, 설사 등에 듣는다고 알려짐. 19세기 후반부터 20세기 전반에 걸쳐 독특한 차림의 매약행상인이 팔고 다녀 유명해짐.

은 서양인보다 인종적으로 저열하며 영원히 그들의 지배를 받을 운명에 놓여 있다'며 체념하고 있던 원주민들을 자극해서 일본인을 몹시 존경하고 환영하게 만든 '경향으로 흐르게' 한 것이라고 되어 있다.

같은 책 58쪽에는 인도네시아인들 대상으로 소매업을 경영하던 중국인들도 '가까운 장래에 일본과 네덜란드 간에 반드시 전쟁이 일어날 것으로 보이는데, 그렇게 되면 자바는 틀림없이 일본의 소유로 귀착할 것이고 중국인 역시 자유를 얻을 것이다'라는 공상을 품고 있었기 때문에, 아무런 악감정을 품지 않고 매약행상이 날마다 점점 성대하게 발전하더니 오륙십 명의 행상자들 모습을 자바섬 전체의 곳곳에서 볼 수 있게 되었다'고 썼다. 또 62쪽에는 '날이 저물면 행상자들을 위한 숙소를 제공하고, 때가 되면 세 끼 식사를 제공하였으며 그 비용이 나가는 것도 두려워하지 않고 모든 것을 다하여 우리를 위한 편의를 제공한 것은, 매약 그 자체를 좋아했다기보다도 오히려 일본인 자체를 좋아했기 때문이다'라고도 적혀 있었다.

매약행상업이 어떻게 자바 각지에서 환영받았는지는 이리에 도라지(入江寅次) 씨의 『메이지 남진의 역사(明治南進史稿)』[46]에도 상세히 서술되어 있다. 참고로 조금만 인용을 하면 다음

....
46 1943년 이다서점(井田書店)에서 간행된 300쪽 짜리 서적. 19장으로 구성.

과 같다.

　　과거 일본 구석구석에까지 보급된 '오치니 약(オチニの藥)'[47]
을 모리모리약관(盛々藥館)의 단자와 요시토시(丹澤善利)[48]가
몇 명의 청년을 데리고 자바에 들어온 것이 1908,9년의 일이다.
　　처음에 약관은 약만 전문으로 팔며 걸어다녔다. 두통고(頭痛
膏), 천금단, 청심단(淸心丹), 보단(寶丹), 고장환(固腸丸) 등등
의 약을 상당한 가격으로 팔며 다니면 재미있게도 돈이 들어왔다.
　　조금 짐이 되기는 하지만 약 외에 다른 일용품을 가지고 다니
면 더 좋았다. 그러한 일용품을 시골에 가지고 가면 중국인 소매
상이 전부 자신에게 팔라고 말하기도 한다. 중국인 소매상은 어
느 정도 일본인에게 돈을 벌게 해 주고도 거기에 더해 한바탕
더 벌어들일 수 있는 것이다. 토민(土民) 아가씨들이 일본의 백
분을 기꺼이 샀다는 이야기도 있는데, 과연 사실인지 모르겠다.
　　각지의 토민들은 일본인 약품 행상들을 종종 의사만큼 존경
했다. 코밑에 수염을 기르고 가슴팍에 무언가 휘장 같은 것을
달고서 이게 러일전쟁 종군휘장이라는 말을 들으면, 이 사람이
의사가 아니더라도 이미 존경하지 않을 수가 없게 되는 것이었
다.(273-274쪽)

....

47 군복 비슷한 옷을 입은 약관(약장수)이 거리를 다니며 '오치니, 오치니'라고
　　외치며 팔고 다닌 약. 오치니는 원래 발음인 '오이치니(お一二)'가 축약된
　　형태.
48 단자와 요시토시(丹沢善利, 1891-1969). 실업가. 19세 때부터 매약업에 종
　　사했다고 하며, 1910년대에 일란무역(日蘭貿易)을 설립하고 남양 무역에서
　　성공을 거둠.

또한 여기 인용되어 있는 에가와 가오루(江川薫) 씨의 「남양을 목적으로(南洋を目的に)」의 기사 내용을 빌면 다음과 같다.

그들은 산간벽지로 찾아가 추장을 방문하여 대부분 그 알선을 기다린다. 하루는 내(에가와 가오루)가 어떤 한촌을 돌아다녔는데, 그때 몇몇 일본인이 빈 석유 깡통을 난타하면서 뭔가를 외치고 있는 것을 들었다. 무슨 일인가 싶어 돌아보니 내 동포 행상인이 추장을 비롯한 그들에게 약을 팔려고 홍보하는 광경이어서, 마을 사람들은 일을 멈추고 이들 일행을 따라다니는 것이었다. 그 우스운 모습이라니 마치 아이들 장난 같아서 포복절도할 수밖에 없었다.

여러 신기한 이야기도 있었을 법한 당시의 일을 떠오르게 하는 문헌이다. 일본의 잡화가 자바섬에 널리 퍼져 있어 우리가 상륙했을 때는 깜짝 놀랄 정도였다. 세계에서 가장 좋은 시계를 내놓으라고 하면 세이코샤(精工舍)[49]의 시계를 보여주었고, 순면 셔츠가 있길래 반가워서 사고 보면 가네보(カネボウ)[50]였다. 온갖 일용품의 구석구석까지 일본에서 온 것이었다. 앞에서 말한 『자바의 돈벌이』에서도 이렇게 기록하고 있다.

....

49 1892년 일본의 시계왕이라 일컬어진 핫토리 긴타로(服部金太郞)가 창업한 시계제조공장 핫토리시계점이 그 전신이며, 지금의 세이코(SEIKO)가 됨.
50 1886년 도쿄에서 설립된 도쿄면상사(東京綿商社)가 이듬해 가네가후치(鐘ヶ淵)에 방적공장을 건설하여 출발한 약품 및 각종 섬유소재 등을 만든 회사. 한자표기는 '鐘紡'.

러일전쟁의 결과 일본이라는 명칭이 이 섬사람들의 호기심을
몹시 도발한 것에 편승하여, 이익에 민감한 중국 상인이 자국
제품은 말할 것도 없고 독일 상품이든 미국 상품이든 아무거나
상관없이 모두 똑같이 일본제품이라는 명칭을 붙여 팔아댄 결과
이다. 또한 전쟁 후에 이 섬의 일본인들이 한때 활발하던 옥(玉)
장사가 유행했을 때, 그 경품으로 일본의 잡화를 내놓은 것이
이 섬에서 일본 잡화의 이름을 널리 알리게 된 것과 더불어 효과
가 있었다.(30쪽)

　　나는 이제서야 도고 원수님의 초상사진을 비롯해 러일전쟁
의 석판화가 그들 행상인의 손에 의해 섬 곳곳으로 퍼지게 된
경위를 알게 되었다. 자바 이후의 의문이 겨우 풀린 것이다.
한 장의 석판 인쇄 그림이 원주민에게 많은 것을 깨우치게 했
고, 그들 또한 가슴 깊이 새겼음을 충분히 상상할 수 있었다.
동쪽에서 흰 말을 탄 영웅이 바다를 건너와 이 섬의 네덜란드
인들을 무찌르고 자신들을 구원한다는 예언이 인도네시아인
들 사이에 널리 신봉되었고 크게 기대도 되었지만, 그들 가슴
속에 실로 생생한 형태를 만들게 된 것도 이 무렵부터가 아니
었을까? 네덜란드령 동인도 정부는 원주민들이 일본에 관해
알게 되는 것을 극력 방해했지만, 상세하고 구체적인 사실은
은폐되었을지언정 어느샌가 그들은 '일본'을 대략 파악하고,
오히려 본능적으로 이쪽에 의존해야겠다고 깨달아서 황군을
기다리는 마음의 준비가 이미 돼 있던 것이라 할 수 있다.
　　무엇보다 이러한 중대한 일이 단순히 약장수 행상인만의,

하물며 그들이 경품으로 더불어 준 사진이나 그림의 공로라는
식으로 말한다면 터무니없는 과언이며, 결국은 바다를 건너와
서 각종 업무에 종사하던 일반 재류 일본인들의 훌륭한 태도나
행동이 오랫동안 집적된 결실이라고 하는 것이 정확할 것이다.
부인교풍회(婦人矯風會)[51]의 종종 문제가 된 어떤 종류의 여성
들의 눈물겨운 동포애 이야기마저도 나는 몇 가지 들었을 정도
이다. 그러나 그렇다 해도 어느 벽촌에든 빠짐없이 걸어다닌
행상인의 발자취는 무시할 수 없을 것이다. 그 공헌 역시 기억
되고 전달되어야 한다고 본다.

약장수 하면 동아(東亞)의 풍운을 품고 선각지사들이 그곳
을 근거지로 삼아 약장수로 분하여 거기에서 중국 오지 깊은
곳으로 흩어져 들어간 상하이의 약포 기시다 긴코(岸田吟香)[52]
의 약선당(藥善堂)이 설핏 연상된다. 물론 이것과 자바의 행상
인은 다른 부류에 속하지만, 네덜란드령 동인도 당국이 그들
에 대해 가진 의혹과 비슷한 점이 있던 것이 지금 보니 도리어
흥미롭다.

편협 고루하며 의심과 시기 질투가 많은 네덜란드 사람은, 재

----

51 1893년에 발족한 기독교 부인 단체로 정식 명칭은 일본기독교부인교풍회.
   부인보호사업, 사회교육활동을 했으며 폐창운동, 평화운동 등을 전개.
52 기시다 긴코(岸田吟香, 1833–1905). 몇몇 신문에 관여했고, 1873년부터 『도
   쿄일일신문(東京日日新聞)』 기자로 일하며 긴자(銀座)에 약선당(楽善堂)을
   열어 점안약을 제조 판매, 중국에도 지점을 개설. 맹인 교육에도 힘썼으며
   동아동문회(東亜同文會)에도 관여하여 중일 문화교류에도 노력.

류 일본인을 청나라 사람과 공모하여 자바를 약탈하려는 자라고 보고, 우리 행상인들이 오지 안으로 들어가는 것을 보고 이는 틀림없이 군사 정탐의 사명을 띤 것이라고 오해하여, 정부 스스로가 흑막이 되어 토인을 이용하여 종종 우리가 질려버릴 정도의 짓을 벌일 때가 많다.

『자바의 돈벌이』 저자는 그 책 159쪽에서 이렇게 쓰고 있다. 저자 자신이 바로 '군사 정탐의 혐의를 받고', '무법적으로 퇴거를 압박당한' 사람이었으며, 또한 '2년 남짓 전의 일'이라고 가와스미 리사부로(川澄利三郎)라는 사람이 행상하던 중에 체리본 거리의 스메단이라는 산간 마을에서 행상보따리를 도둑맞은 예를 들고 있다.

"그런데 어찌 생각이나 했으랴. 가와스미 씨가 당한 도난사건은 사실 네덜란드 정부 스스로 획책하여 토인을 시켜 결행하게 만든 일이었음을. 진정 네덜란드 정부는 가와스미 씨를 군사 정탐이라고 잘못 믿은 결과, 그 가방 안에서 나온 가와스미 씨의 잡기 수첩을 스메단의 부지사 사무소에서 바타비아 총독부로 회송하였고, 또 총독부는 이것을 오랫동안 일본에 재류하며 고베(神戶)의 일본 소학교에 들어가서 교육에 종사하고 우리 국정 언어에도 깊이 통달한 네덜란드 한 부인에게 번역을 시켰는데, 난감하게도 가와스미 씨 수첩 속에서 군사 정탐의 증거가 될 만한 기사는 도저히 보이지 않았고, 좋아하는 메모라고는 가와스미 씨가 무언가를 접하고 느끼면서 읊은 하이쿠조차 아닌, 그저 1전 1리까지 끄적인 매상 기록뿐이었다."

저 머나먼 과거에 도남(圖南)의 뜻을 품고 이 섬으로 건너온 재류 일본인 중 남자만 치면 아직 7,80명 정도밖에 없던 무렵의 이 일화는, 네덜란드 당국이 일찌감치 일본을 두려워하는 병적인 증상을 보이고 있던 것을 분명히 보여준다. 러일전쟁은 진정 모든 아시아인들이 각성하게 된 계기였고, 동양에 식민지를 영유하던 유럽 각국에는 일대 위협이 되는 사건이었다.

산사(三叉) 다케코시 요사부로(竹越與三郎)[53] 씨는 1909년 한여름에 남방 각지를 순유했는데, 이듬해 1910년 4월『남국기(南國記)』를 저술하여 남진론을 빈번히 주창했다.

> 말레이 사람은 바야흐로 일본이 먼바다 저쪽에서 굴기하고, 전투를 통해 중국을 쳐부수고 다시 전투하여 러시아를 무찌르는 것을 보고, 유럽인이 아닌 자들 또한 능히 이루기에 충분하다고 보고 마치 나그네가 긴 밤에서 벗어나 새벽별을 바라보듯 일본인을 사모하는 심정이 상당함에 이르렀으니 자바 정부의 우려가 한층 증가하게 되었다.(183쪽)

여기에서 말레이 사람이란 말할 나위도 없이 인도네시아 사람을 가리킨다. 다케코시 씨는 이어서 자바 정부가 일본의 대첩에 관하여 원주민에게 알리기를 달가워하지 않았던 사실

[53] 다케코시 요사부로(竹越與三郎, 1856-1950). 정치가, 역사가. 산사(三叉)는 호.『시사신보(時事新報)』,『오사카공론(大阪公論)』,『국민신문(國民新聞)』 등의 기자, 잡지『세계의 일본(世界之日本)』주필로 활약. 중의원, 귀족원 의원 등을 역임하고『일본경제사(日本經濟史)』등 집필.

에 대해 말한다.

　　자바의 신문지가 러시아 패배를 보도하는 것을 금지하고, 토
인으로 하여금 가급적 러시아의 패배를 알지 못하게 하고자 도
모했다. 그리고 이 무렵부터 자바 재류 일본인들의 거동에 깊이
주목하고, 거의 십중팔구 모두 국사를 정탐하는 자들인 양 감시
하기에 이르렀다. 하지만 금단의 열매를 원하는 것은 에덴동산
에서 내쫓긴 이후 산 사람의 인지상정이다. 토민들은 이렇게 그
들의 귀와 눈이 덮일수록 러일 관계, 일본의 최근 사정 등을 알
고자 몹시 원하였다.

당국이 두려워하던 내용은 일본인 행상의 활약을 맞아 인
도네시아 사람들에게 점점 더 전달되어 갔다. 그들은 기뻐하
고 용기를 얻었으며 자각과 자신감을 갖게 되었다. 신경과민
이던 네덜란드령 동인도 정부는 술라웨시나 발리섬에 일본
행상인의 상륙을 금지했다는 내용조차 『남국기』에 보인다.

　　작년 수라카르타의 술탄이 시내를 지나다가 일본 잡화점 앞
에 이르러서 그 마차를 멈추게 했는데, 마차에 같이 탄 네덜란드
시종 무관과 서로 이야기를 한참 하더니 시종 무관이 마차에서
나와 일본 잡화점으로 들어갔고, 일본 황제의 연령이 어떻게 되
는지 묻는다. 잡화점 주인이 폐하의 보령(寶齡)을 답하니 그는
가볍게 인사하고 나왔으며, 왕을 재촉하여 채찍을 가하더니 마
차를 달리게 했다. 생각해 보니 이는 술탄의 뜻, 즉 일본 잡화점
에 들어가 일본인의 입으로 일본 근황을 듣고자 원했던 것인데,

시종 무관이 무엇을 알고자 하심이냐고 질문을 하니 그저 일본 폐하의 보령을 알고자 함일 뿐이라고 넘어가려 한 것이리라. 그에 대해 시종 무관이 폐하의 보령이라면 자신이 물어봐도 충분하다며, 술탄을 마차에서 내리지 못하게 한 것이다. 이러한 지경이니 수라카르타의 술탄조차 한 명의 포로에 불과하다는 것을 알아야 하며 그가 일본의 근황을 알고자 원했던 마음 또한 잘 살펴야 할 것이다.(185쪽)

또한 용서할 수 없는 일장기 모독사건도 있었다.

재작년 네덜란드 여왕 탄생일에 즈음하여 스라만 시내의 일본인들도 네덜란드인과 경축일을 함께하고자 각 건물 처마에 일장기를 내걸었는데, 이사청(理事廳)의 경찰관이 와서 일장기를 치우라고 요구하였고, 또한 네덜란드 국가축제 때 일본 국기를 내거는 것을 불경하다고 했다. 스라만의 일본인들은 순수한 상인들이고 서생 출신이 적었으므로 평생 순종적이기는 했지만, 이처럼 국기를 모멸당하는 일을 겪게 되니 묵과할 수 없다고 생각하여 총대리를 선출하고 이사관을 면회케 하여 그 불법적 내용을 힐난했다. 이사관은 그것이 결코 자기 명령으로 나온 일이 아니라고 변명했지만, 일본인은 그냥 넘어가지 않고 사죄를 요구했으며, 결국 이사관이 해당 경찰관의 행위는 자신의 명령으로 그런 일을 한 것이 아니라는 내용의 각서를 스스로 작성하게 함으로써 납득했다. 아무리 변경의 관리라고 해도 이사관이 이같은 명령을 내린 것이 아님은 믿을 수 있는 일이다. 하지만 경찰관의 언행은 무의식 중에 자바 관헌들 사이에서 이루어지는 사상 감정을 유발시킨 것이라 볼 수밖에 없다. 내가 욕야카르타의 술탄을 보고자 하였는데 이사관이 거절한 일 또한 이러한 사상의 발로였음에 불과할 따름이다.

『자바의 돈벌이』에서는 당시 우리 외무성 출장 관헌이 '무능하며 겁약'했다는 사실에 대해 거듭 분통을 터뜨리고 있는데, 이 사건에 대해서도 극히 저자세이던 상세 상황을 기록하였다. 하지만 재류 일본인 자신들의 손으로 해결한 사실에 쾌재를 불렀다.

낮잠을 자는 중이라며 기다리게 하기를 한참, 오만하며 무례하다. 우리에게 의자를 갖다 달라.

예전 이사관이 대표위원의 예봉에 마침내 굴복하여 교부하게 되었다는 각서에는 이렇게 쓰여 있었다.

상호 그 축전에 관하여 각각 나라가 자기 국기를 내걸고 경의를 표하는 것은 더할 나위 없이 좋은 일이다.

말레이어로 이렇게 쓰여 있었다고 한다. 일장기에 관해서는, 자바에서 있었던 일은 아니지만 또 다른 반가운 이야기가 있다.

또한 보르네오에서는 토인 추장이 하루종일 일장기를 내걸고 주위에 향응을 베푼 일이 있었다고 한다.(『남국기』 185쪽)

재류 일본인에 대해서와 마찬가지로 일본인 여행자에게도 엄중한 감시를 게을리하지 않았음은 새삼 말할 것도 없다. 『남국기』의 저자도 고민했던 바이며, 이후에 나온 여행기들도 이 즐거운 섬의 불쾌한 한 페이지를 덧붙이는 것을 잊지 않았다. 더구나 시간이 흘러 전쟁 직전에 일본과 네덜란드 관계가 절박해지면서 그 경향이 점점 현저해진 것에 관해서는, 1941년 자바를 방문한 다카미 준(高見順)[54] 씨의 『네덜란드령 동인도의 인상(蘭印の印象)』이나 그 전년도의 현지보고, 상공 정무차관 가토 료고로(加藤鐐五郎)[55] 씨의 『네덜란드령 동인도는 움직인다(蘭印は動く)』 등이 상세히 기록하고 있다.

그리고 1941년 8월에 네덜란드령 동인도 정부는 '자국 실업자 구제'라는 미명 하에 새로운 입국자는 사법장관의 허가를 받아야 하게끔 했다. 이는 사실상 재(再)도항자들과 일시적 여행자 이외에는 섬으로 들어오는 것을 금지하는 조례였다.

바타비아에서 발행되던 일본어 신문 『동인도일보(東印度日報)』[56]의 1940년 11월분을 볼 기회가 있었는데, 거기에도 서너

....

54 다카미 준(高見順, 1907-1965). 소설가, 시인. 프롤레타리아 문학운동을 하였고 검거된 이후 전향. 도시 서민을 다룬 감각적 작품으로 평가가 높았으며 1941년 네덜란드령 동인도로 감. 귀국 후 징용되어 버마 전선, 1944년 다시 징용되어 중국으로 향함.

55 가토 료고로(加藤鐐五郎, 1883-1970). 의학박사 출신의 정치가. 1924-1942년까지 중의원 의원에 연속 당선. 제2차 세계대전 후에는 공직추방되었다가 해제되고 국무상, 법상 등을 역임.

56 1920년에 창간되어 1937년까지 간행된 『자바일보(爪哇日報)』의 후속 일간지로 1940년대까지 간행된 것으로 추정.

건의 기분 좋지 않은 사건이 실려 있었다. 위기를 내포하면서 추진되던 일란회상(日蘭會商)[57]의 우리측 대표단 수행원을 노린 모독 사건이 바타비아에서, 더구나 총독관저의 바로 앞에서 일어났다. 즉 수행원인 아리요시 이와오(有吉巖) 씨가 23일 17시 무렵 사진기를 들고 총독관저를 산책하고 있었는데, 갑자기 나타난 위병 몇 명이 아리요시 씨를 주둔지로 연행하여 관저를 촬영한 사실이 있는지 없는지를 심문했다. 물론 아리요시 씨는 그런 사실이 없다는 것과 자기 신원을 분명히 말했지만, 위병의 지시에 따라 지정 장소의 죄수 호송차에 억지로 떠밀려 타고 경찰본부로 연행되었다. 아리요시 씨는 본부에서 일단 취조를 받은 다음 석방되었지만, 따로 총독관저 촬영금지에 대한 지정을 받은 적이 없는 데다가, 그가 신분을 보증받은 제국 대표부의 일원이라는 점에 문제의 중요성이 있었다. 곧 위병의 행위가 명백하게 인권 유린이자 지나친 월권이며, '제국 입장에서도 재류 일본인 입장에서도 중대한 문제이기는 했지만, 유감스럽게 어떻게 그 문제가 해결되었는지 오늘날까지 우리는 들은 바 없다'며 『동인도일보』는 분노했다.

이어서 제국의 해군장교가 네덜란드령 동인도의 입국을 거부당한 일도 있었다. 29일 아네타통신사 보도에서 말하기를 '어제 싱가폴에서 한 일본인이 비행기로 현지에 도착했다. 해

....

57 일본과 네덜란드령 동인도의 경제관계 개선을 위하여 1934년, 1940년, 1941년 세 번에 걸쳐 이루어진 교섭.

군장교라 자칭했는데, 처음 이 사람은 이민국에서 여행목적, 체재기간, 목적지 등에 관하여 설명하기를 거부한 결과, 그 뒤의 주장도 불충분하다며 네덜란드령 동인도 입국을 거부당했다'고 했다. 이른바 미요(三代) 중좌[58] 사건으로 중대했는데, 제국의 해군장교가 그 이유의 여하를 막론하고 네덜란드령 동인도에 입국을 거절당한 것은 이것이 처음이었기에 일반에게 준 심리적 영향도 컸다고 한다. 이 역시 미해결 현안으로 남겨진 유감스러운 상태라고 보도하였다.

세 번째로 또 다시 제국의 국기가 능욕되는 사건이 있었다. 앞에서 인용한 경우와 마찬가지로 네덜란드 경축일과 관련이 있다. 11월 23일부터 24일은 네덜란드 여왕의 시정 50주년 기념일이라, 재류 일본인들도 각지에 일장기와 삼색기를 내걸었다. 반둥의 긴자(銀座)라고 불릴만한 브라카 거리 60번지 A에서 이발소를 경영하는 닉코 가게 앞에 내건 일장기가, 24일 이른 아침에 어느 누군가에 의해 내려지고, 무참하게도 방화로 소각되어 버렸다. 한 나라의 표상이며 국가의 모든 것을 대표하는 국기를 능욕한 일이, 처음에는 취객의 행위일 것이라며 다소 가볍게 다루려 한 네덜란드령 동인도 당국의 태도에도 불구하고, 실제 범인은 네덜란드 군인이었다. 이는 '범인의 처벌과 공식적 사죄, 장래의 보장을 표명'함으로써 일단

----

58 미요 가즈나리(三代一就, 1902-1994). 일본의 해군군인으로 태평양전쟁 당시의 여러 작전에 참전. 최종 계급은 해군 대좌.

락되었다.

그리고 조금 더 악의적인 반일 사건이 한 건 더, 같은 반둥 시에서 일어났다.

"지난 금요일(11월 29일)부터 토요일까지 반둥 시내에 배일 전단지를 유포한 자가 있었다. 관헌 당국은 사건 발생 직후에 범인 용의자를 체포하였고 또한 그 가택을 수사했다. 위의 용의자 취조 결과 한 명이 더 인치되어 경찰 당국의 취조를 받았으며, 두 사람 모두 형사사건으로 처리받게 되었다."

이것이 네덜란드 신문의 기사 요지였다고 한다. 전단지에 적힌 내용은 『동인도일보』에 실린 번역문에 따르면 다음과 같다.

동포 및 동양 외국인에게 고한다! 유럽이든 네덜란드령 동인도든 곳곳에 불안이 가득 차 있다. 그러니 준비를 게을리 말라. 특히 일본인이여, 조심하라. 일본인이여, 각오하라. 오늘보다 더 큰 일이 일어나지 않더라도 우리는 일본인을 네덜란드령 동인도에서 쫓아낼 준비를 하고 있다. 우리 네덜란드인들은 문명국에 어울리는 인내심을 오랫동안 유지했다. 그러나 때로는 이를 잃기도 하는데, 작아도 지독한 살모사같은 위선적인 일본인에 대해서 특히 인내심을 잃게 되는 것이다. 이를 앞뒤 가리지 못하는 소년의 장난이라고 생각지 마라. 시기가 되면 장난이 아님을 보여줄 것이다. 우리는 네덜란드령 동인도의 영구 평화를 위해 계속 경계할 것이다.

유치한 글귀다. 그래서 범인이 혹시 나이가 어려서 상식을 제대로 갖추지 못한 청년 학생이나 그런 비슷한 부류가 아닐까 추정했지만, 막상 검거된 자들은 상당히 연배가 있는 네덜란드인 두 명이었다고 한다. 이들은 둘 다 금고 2주일에 처해졌다.

이처럼 나날이 더 험악해지는 분위기 속에서 가만히 참고 지내던 재류 일본인들도 결국 귀국을 해야 했다. 1940년 연말 무렵부터 처자식을 먼저 일본으로 돌려보내기 시작했다. 해를 넘어 이듬해 7월 25일, 수라바야에서 몇 십 년 일본 잡화상을 하고 있는 아무개 씨는 '그 날은 잊을 수도 없는 월요일이었지'라고 말했다. 황군이 프랑스령 인도차이나로 진주하던 날, 일본인의 자산을 동결한다는 폭령이 시행되었다. 일이 여기에 이르자 '한 사람 한 사람이 지사(志士)이며 국사(國士)다'(가토 료고로, 『네덜란드령 동인도는 움직인다』)라며 재류 일본인들은 비장한 최후의 결의와 각오를 해야 했다. 오랫동안 이국땅에 머물며 부지런히 쌓아올린 입지가 말 그대로 하루아침에 무너지려고 했다. 귀국을 해야 하는가 머무를 것인가, 끝없는 논의가 지속되었다. 모든 것을 버리고 고국으로 돌아가기에는 미련이 남았고, 잔류한다고 하면 만일의 사태에 모든 재산이 몰수되고 체포될 위험마저 도사리고 있었다.

하지만 시간은 가차 없이 흘러 마침내 1941년 11월 10일, 바타비아 탄존프리오쿠 항구에서는 다카치호마루(高千穗丸)호와 수라바야의 단존페라에서는 후지마루(富士丸) 호, 이 두

인양선을 끝으로 대동아전쟁이 발발했던 것이다. 12월 8일 이른 아침, 아직 재주하고 있던 일본인 천오백 여명은 가혹한 취급을 받아가며 오스트레일리아로 보내졌다. 약간의 소지금조차 몽땅 빼앗기고, 젖이 없어 굶주림에 우는 갓난아이에게는 조악한 커피밖에 주지 못했으며, 세 명만 모여서 이야기를 해도 집단적 반항 행동이라며 채찍소리가 들리는 듯한 학대 상황이었다. 호송되는 도중 누군가가 채소를 샀을 때 그 채소를 싸고 있던 네덜란드 신문지 끝자락에 진주만 공격 기사가 보이자 모두 끌어안고 울기 시작하였으며, 그 엄숙한 광경에는 매를 손에 든 호송 병사들조차 어쩌지 못하고 묵묵히 있더라는 일화도 있다.

다카치호마루 호와 후지마루 호도 아무런 설비 없는 선창에까지 사람이 꽉꽉 들어찼다. 승선하기 직전에는 신체검사와 소지품 검사가 있었고, 부인들까지도 탈의를 시켰으며, 가방 밑바닥을 갈라서 속을 조사할 정도로 엄중했다. 소지를 허락한 것은 5백 길다 뿐이었으며, 그 이상은 동결이었으니 버리고 가는 수밖에 도리가 없었다.

전송하는 일본인들은 부두 안으로 들어가지 못하고 겨우 항구 바깥 철책에 매달려 이별을 아쉬워하고 있었다. 마침내 출범의 징소리가 울리자 사람이 시커멓게 들어찬 배에서는 들끓듯이 〈기미가요(君が代)〉[59] 노랫소리가 조용히 일었다. 항구 밖에 무리지어 배웅하는 사람들이 이에 화답한다. 그 장엄한 순간이 끝나자 이번에는 분노에 타오르는 〈애국행진곡〉이

들렸다. 비장한 분위기 속에서 배는 열대의 저녁해를 받으며 천천히 선회한다. 뭍에서든 바다에서든 모두 눈물이 뺨에 흐르는 대로 두며 노래를 했다. 흐느낌에 노래가 막혀 나오지 않는 사람도 있었다. 흑 하고 오열을 터뜨릴 것 같아서 갈라진 목소리로 그저 '만세, 만세'라고 외치는 자도 있었다. 이윽고 모두 '일본제국 만세'라는 거대한 창화 소리가 오래도록 바다 표면에 울려 펴지고 있었다.

하지만 내내 그러한 흥분에 휘말려 있을 수도 없어서 있는 듯 없는 듯한 미소를 짓고 사라져 가는 자바섬을 바라보는 자도 없지 않았다. 머지않아 다시 이곳에 적 앞으로 상륙할 날을 기다리는 사람들이겠지만, 그 확신에 찬 표정들 구체상에 대해서 나는 다른 형식을 통해 이야기하고자 한다.

....

59 일본의 실질적 국가(國歌)에 해당하는 노래로 오래된 와카(和歌)에 1880년에 곡을 붙임.

9

자바 작전 단 아흐레 만에 적은 전면적 무조건 항복을 했다. 우리 사이에서는 무슨 근거에서 누가 말을 꺼냈는지 모르지만, 이 공략전은 아무리 일러도 한 달은 걸릴 것이라 믿고 있었기에 정작 병사 당사자들도 다소 놀란 형국이었다.

천황의 위덕 하에 신속과감한 황군의 선모용전(善謀勇戰) 결과인 것은 말할 나위도 없지만, 상대방이 비참한 패전에 이르기까지는 역시 여러 가지 조건들을 꼽을 수 있는 법이다. 그리고 그것은 꽤 교훈적이다.

삼백 년이나 되는 오랜 '선정'에도 불구하고 원주민의 마음을 붙잡지 못했다는 사실을 전쟁 순간에 확실히 인정할 수밖에 없었던 것이, 네덜란드인 입장에서 최대의 비극이었다. 그러나 이조차도 누워서 침 뱉기일 뿐이었으며, 온갖 교활한 지혜를 짜냈던 유럽의 식민지 정책이 한계와 종언을 보인 것에 다름 아니었다. 그들은 이른바 앞뒤로 적을 맞아 상대하는 정도는 아니었지만, 적지에서 싸우는 심정이었을 것이 틀림없다. 그곳은 이제 자신들의 영역이 아니었고, 주민들은 적에 준하는 방심할 수 없는 상대였다.

두 번째로는, 군민의 사이가 벌어진 것이라고 해야 할까? 전쟁은 군대의 행동이며 일반 시민이 관여할 바 아니라는, 냉랭한 방관적 태도를 지적할 수 있다. 이러니 군대가 전의를 상실하는 것도 무리가 아니었다.

3월 5일 밤에 사토(佐藤) 부대의 손에 바타비아 시가 함락되었을 때, 네덜란드 시민 대표는 부대장에게 '대일본제국 남방 작전군 최고 사령관님' 앞으로 서장을 보냈다. 그 내용은 대략 이러한 의미였다.

바야흐로 이 시를 보위하던 네덜란드 군 및 미국·영국·호주 연합군은 철퇴하였고, 이를 대신하여 일본군이 입성했다. 그러니 바타비아 시의 치안유지에 임하여 우리 시민들의 생명과 재산을 보호하는 자는 일본군이어야 한다. 이를 부탁하는 바이다.

나는 그 자리에 함께 있던 신문기자로부터 이를 듣고 묘한 착각에 빠졌다. 그들로서는 너무도 딱 떨어지는 주장이다. 그저 경비 군대가 교체된 것에 불과한 것이다. 그것이 어느 군대가 되었든 그들 생명과 재산이 안전하게 보증만 된다면 특별히 개의치도 않을 것이다. 그러나 우리로서는 세상에 이러한 사고방식이 있을 줄은 전혀 몰랐기 때문에 적잖이 당황했다.

이어서 반둥 시로 진입했을 때도 저녁이 되자 네덜란드인 남녀들이 팔짱을 끼고 즐거운 듯이 산책을 하며, 늦은 밤까지 발코니나 노대로 나와 꽃장식이 있는 등불 아래에서 뭐가 그리 재미있는지 유쾌하게 담소하고 있다. 소리 높여 레코드를 틀어놓고 춤을 추는 집도 있는가 하면, 피아노로 세레나데를 치는 아가씨도 있었다. 술집에서도 그들은 잔을 올리고 있고, 당구장 창문으로는 천하태평하게 입에 담배를 물고 큐대를 잡고 있는 모습을 볼 수도 있었다. 기타 마을의 향락 기관도 그냥 있지 않았다. 그러한 광경 또한 납득하기 어려웠다.

정말로 동요가 없는 유유한 태도다. 전쟁 따위가 어디에 있는 일이냐고 묻고 싶을 정도다. 섬의 온갖 장소에 심지어 도시 한가운데에까지 구축되어 있는 어마어마한 토치카나 방어요새, 방공호, 광장에는 엄청나게 쇠말뚝이나 철조망, 아니 주위 바닷물 속까지 몇 겹이나 철조망이 둘러쳐져 있었는데, 그러한 전쟁에 대한 대비는 오로지 군대 시설이지 그들이 알 바 아니라는 표정이다.

그러니 전쟁에 패배한 것은 어디까지나 네덜란드군과 미국·영국·호주 연합군인 것이다. 선량한 네덜란드 시민들은 애초 전투를 한 것이 아니니 진 것도 이긴 것도 아니다. 영광스러운 '중립국민'이었다. 정말 아닌 게 아니라, 평정 후에는 자기가 스위스 사람이라든가 헝가리 사람이라며 중립국 국적을 자칭하는 사람들도 나왔다. 아니면 네덜란드 나치당원이라며 예의 그 표식을 팔에 두르고 우리를 마주치면 히틀러 식으로 오른손을 번쩍 치켜들고 인사하는 무리도 적지 않았다. 하다하다 자기 아내에게 독일인 피가 흐른다는 이유로 자기가 친일적인 사람이라며 이상한 논리로 증거를 대려는 사내도 있었고, 몇 대를 거슬러 올라가면 할머니가 인도네시아 출신이기 때문에 자기는 순수한 네덜란드인은 아니라는 둥, 예전에는 그렇게나 인간 취급도 않던 원주민과의 혼혈 사실을 들먹거리며 출신 계통을 꾸며대려는 자도 나타났다. 그 때문에 당시 바타비아 문헌기록을 보존하는 고(古)문서관이, 그러한 계도를 조사하는 사람들로 붐볐을 정도다.

반둥에서 근무 중일 때는 우리 사무소를 뭐라고 잘못 생각했는지, 네덜란드인들이나 원주민들이 이러저러하게 잡다한 상담거리를 가지고 왔다. 상대를 해주면 해결이 되는 문제도 있는가 하면 전혀 말이 통하지 않는 자도 있었다. 후자의 예로 한 네덜란드 퇴직관리가 연금을 받고 싶은데 어떻게 하면 좋겠느냐 묻는 경우도 있었다. 그는 네덜란드 정부를 대신한 일본군이 당연히 그의 권리인 연금을 지불해야 한다고 믿어 의심치 않았다. 일본은 그러한 '네덜란드령 동인도' 공로자들에게 보수를 줄 의무가 없다는 것을 아무리 설득시키려고 해도 그들에게는 좀처럼 받아들여질 수 없는 모양이었다. 그들은 너무 어처구니가 없어 소리를 버럭 지른 하사관의 노여운 목소리만 이해한 듯했다.

이처럼 거짓말 같은 이야기가 한두 가지에서 그치지 않았으며, 역시 연금생활자로 고독한 노파는 하염없이 울며 일본으로부터 생활을 보장받고 싶다고 했다. 끝내는 같은 네덜란드 사람들이 냉정해서 아무도 신경써 주지 않는다며 용돈이라도 조금 빌렸으면 한다고까지 했다. 봉급을 청구하러 온 군인의 아내도 있었다. 그 남편이 전사한 것인지 호주로 도망을 친 것인지, 아니면 포로가 된 것인지 어쨌든 행방불명되어 남겨진 가족은 생활비에 쪼들리고 있으니 어떻게 좀 해달라는 탄원이었는데, 아까 그 퇴직관리 만큼 막무가내는 아니었다. 또는 네덜란드의 정치기구가 무너져서 직장을 잃은 사람들이 일본군에게 고용되기를 원하는 신청은, 그야말로 이루 헤아릴 수가 없었다. 하지만 나라는 망하고 개인만이 남았다는 이 사상의 실천자들은, 그 다음에 어떠한 '개인 존재'가 허락된 것인지 충분히 알아야 했다.

또한 억지로 떠맡게 된 '인사상담소'에서는 포로를 석방해 달라는 요구를 많이 받았다. 이제 전쟁은 확실히 끝났지 않았느냐, 남편이나 아들을 되돌려 주지 않으면 곤란하다는 식의 요구 또한 다 셀 수가 없었다. 일본은 네덜란드령 동인도에서 승리를 점한 것이니, 그것으로 이제 만사 해결된 것이 아니냐, 그렇게 언제까지고 남의 남편이나 아들을 구속해 두면 어쩌냐는 항의도 있었다. 우선 자기 남편이나 아들은 특별히 일본군을 적대시하는 터무니 없는 생각은 전혀 가지고 있지 않고, 그저 강제적으로 징병된 것에 불과하다는 둥, 필경 일본군에게 총을 겨누지 않았을 것이라는 둥 줄줄이 말한 다음, 전부 판 모크[60]가 잘못한 것이고, 미국의 감언이설에 놀아나서 일본에 도전적으로 대항하다가 국민을 배신해 버렸다며 황군 상륙과 더불어 일찌감치 호주로 도망쳐 버린 일란회상의 네덜란드령 동인도 측 수석 대표 경제상을 끝없이 저주하던 자도 몇 명인가 있었다.

----

60 판 모크(Hubertus Johannes van Mook, 1894-1965). 네덜란드령 동인도의 행정관. 1936년 경제국 장관으로 제2차 일란회상에서 교섭의 실질적 책임자. 1941년 부총독에 취임.

'전쟁은 이미 끝났다. 맙소사.' 이런 식의 관념이 명백히 그들을 지배했다. 패배했지만 일찍 끝나서 다행이라고 느끼고 있다. 아직 포로수용소 기구는 정비되지 않았다. 포로들은 일정한 지역 내에 배치되어 있지만, 허가받은 시간에는 울타리가 있는 곳으로 나와서 가족과 면회했다. 가족들은 먹을 것, 마실 것을 가지고 와서 울타리 너머로 마치 피크닉이라도 온 듯 다 같이 먹고 마시고 했다. 조금도 여유 공간이 없을 정도로 그들은 무리지어 있었고, 훌쩍거리는 사람도 없지는 않았지만 대개 밝고 떠들썩했다. 금방이라도 남편이나 아들이 해방될 것이라고 기대하는 것처럼 보였다. 좁고 답답한 울타리를 사이에 두고 무리한 자세로 끊임 없이 입맞춤하는 자도 있었다.

일반인들에게는 미국이 잘못한 것이지 네덜란드는 죄가 없다는 생각이 있는 모양이다. 미국이 전력을 다하여 네덜란드령 동인도를 방위해 주어야 한다고 정해놓고, 완전히 남의 힘으로만 어떻게 되기를 바라는 심보다. 자바는 정치나 법제적으로는 네덜란드령이지만, 좀 과장한다면 경제적으로는 화교, 사상 의식의 면에서는 미국에 지배되었다고 말할 수 있는데, 정신적으로 미국에 들러붙어 멋대로 굴다가 전혀 의지할 수 없는 처지가 되니 그들도 아쉬워서 험담할 수밖에 없는 것이다. 또한 네덜란드령 동인도는 그저 미국과 일본 간의 전쟁터가 되었을 뿐이고, 일본과 네덜란드의 전쟁은 아니라는 식으로도 치부했다. 그렇다면 이곳을 피비린내 나는 전쟁터로 만들도록 미국에 협력한 판 모크의 죄과가 지적되어야 한다.

　어쨌든 자기 자신을 잃고 남에게 의존하기를 일삼던 자가 당연히 직면하게 될 비극적 운명이었다. 믿을 수 있는 것은 자기 자신의 힘뿐임을 알아야 한다.

10

인도네시아 사람들은 하룻밤을 지난 돈은 쓰지 않는단다. 도쿄 토박이들 저리가라 할 만큼 낭비가 심하다는 정평이다. 과연 물건에 집착하는 마음이 별로 없는 그들이기에 금전에는 무덤덤하고 아낌없이 뿌려대는 성벽을 가진 듯하다. 저축 정신은 없고 특히 돈으로 이자를 불리는 행위는 일체 경멸한다. 경멸하는 거야 괜찮지만, 그 때문에 중국인 고리대금업자(오랑 민드린)에게는 꽤나 시달린다. 장사치를 하등한 직업이라고 간주하기 때문에 경제적으로는 화교에게 완전히 지배당했다. 상점은 중국인 경영이 아니면 아랍인, 인도인 등이 주인이다. 어떤 산간 벽촌이라도 화교가 가게(와룽)을 열고 식료품부터 일용잡화품에 이르기까지 모든 것을 팔고 있었다. 일상의 생활필수품은 처음부터 끝까지 그들 장사수완에 의존하는 형태이다. 그러고는 돼지고기를 먹고 생산활동에 직접 참여하지 않으면서 물물교환 과정에서 이윤을 얻고 배부른 상태에 더 살쪄가는 이교도들을, 불명예스럽고 침을 뱉어야 할 존재로 여기며 암암리에 엄청난 반감을 지니고 있다. 노동의 열매를 착취하고 하물며 빈곤을 틈타 부당한 일수로 하루하루 이자를 징수하는 화교들. 오랫동안 쌓여 있던 해묵은 감정이 황군 상륙과 더불어 폭발하는 것을 볼 수 있었다.

원주민들은 네덜란드인들에게서 해방됨과 동시에 중국인으로부터도 자유로워지고자 했고, 거기에 무리한 행위가 있었다. 전시의 혼란을 틈타 지금까지 있던 화교적 질서를 타파하려는 폭력이 온갖 마을이나 동네에서 일었다. 이 온화한 사람들이 소각이나 살육마저도 자행한 것은 놀랄 만한 사실이었다. 황군은 곧바로 그 잘못을 시정하고 지도했으며 당연히 처벌해야 할 일에 대해서는 엄격한 태도를 보였다.

인도네시아인이 낭비가라는 점은 그들이 다른 사람들에 대해 실로 인정 넘치고 너무 친절한 성격 때문에도 드러난다. 상대에게 호의를 보이기 위해 필요 이상으로 뭘 주고 싶어하거나 실제 가능한 능력을 넘어서 대접하려고 한다. 멀리에서 온 손님에게 충분히 향응을 제공한 후에 선물을 들려 보내는데다가 돌아가는 기차삯이나 여행비까지 주는 식이다. 이럴 때 상당한 허영심도 작용하는 듯하다.

게다가 상호 부조하는 정신이 널리 퍼져있다. 누군가 일자리를 잃으면 주위 지인들이 그에게 먹을 것을 제공하는 일쯤은 보통이다. 보통이라는 것은 제공하는 측도 달리 생색을 내지 않고 받는 측도 딱히 스스로를 비하하지 않으며, 그간의 연락이 없었어도 상관없고 그저 지극히 당연한 일처럼 이루어지기 때문이다. 특히 육친 관계의 경우라면 더 자연스럽다. 장년의 튼튼한 남성이 때마침 직업이 없다며 다른 집에 일해주러 들어가 사는 노모에게 식사 때마다 많은 처자식을 데리고 가는 것을 목격한 적이 있다. 일본인 입장에서는 너무도 한심하고 복장이 터질 광경일지 모른다. 그러나 그들로서는 전혀 이상할 바 없다. 조금이라도 힘이 있다면 그것을 아무것도 없는 사람에게 나눠주는 것이란 의무다. 아니 의무라는 관념조차 없다. 피장파장의 일이라고 여긴다.

　요컨대 그들은 가난한 자들끼리의 미풍이라면 미풍, 약점이라면 약점을 지니고 있다. 그러니 저축 습관을 운운하기보다는 그들에게 그만큼의 여유나 수입이 없을 뿐이다. 무엇보다 그들은 조금이라도 돈이 있으면 장식품과 장신구 등을 사고 싶어한다. 궁핍한 사람이니 더 직접적으로 도움이 될 만한 사용처가 따로 있을 텐데도, 언뜻 쓸데없어 보이는 것에 얼마 있을까 말까 한 돈을 내지르고도 후회하지 않는다. 반지를 사고 가슴팍에서 체인을 반짝거리게 하며 싸구려 손목시계를 차고 예쁘고 하얀 이에 일부러 금관을 씌우고, 여자라면 목걸이나 가슴 장식 종류를 한다. 원주민은 멋내기를 꽤나 좋아한다. 열대지라서 의복 종류도 간단하며 어디를 딱히 장식할 방도가 없으니 그런 것으로 사소한 허영심을 채운다. 그러나 이것도 몇 번 캐물으면 그들은 최고의 저금 방법이라고 말한다. 돈으로 가지고 있으면 눈에 보이지 않게 사라져 버리지만, 이렇게 사물로 대신해 두면 아플 때나 불시에 필요할 때 쓸 수 있단다. 불시에 필요할 때를 기다릴 것까지도 없이, 그냥 그것이 바로 '부단한 쓸모'인 셈이다. 모처럼 구입한 것이라도 몸에 달고 있는 것은 빠른 시간 내에 손에서 떠나보내야 한다. 그런 경우에도 그들은 결코 물품에 째째한 미련을 남기지 않으며 재빨리 명랑하게 팔아 치우거나 전당을 잡혀 버린다. 잠시 동안이나마 그것을 소지하고 있어서 즐거웠다는 표정이다. 그 때문에 금액 상 상당한 지출과 수입의 차이가 나도 따지지도, 개의치도 않는 것이 재미있다.

전당포는 네덜란드령 동인도 시절부터 관영이었다. 1942년 4월 30일 이후 우리 군정감부(軍政監部)가 관장하고 있는데, 그 수는 오백 곳에 이른다. 1년 동안 전당 잡은 건수는 약 사천 사백만 건, 그러고 보니 전인구 대부분이 전당포를 이용하는 것을 알 수 있다. 그리고 거의 대부분이 10전에서 25원(루피아) 이내로 전당을 잡히고, 더구나 절반 정도 되는 이천만 건은 10전에서 50전, 물건을 잡히는 평균 금액이 1루피아 72전이라는 소액이다. 원주민의 가난한 상태가 여과없이 드러나 있어서 향후의 정치에 시사를 주는 점이 많다.

관영 전당포(칸토르 카지)는 낮동안 영업을 하며 늘 성황이다. 어느 창구에나 사람이 꽉 차 있어서 그들은 아침 일찍 나서도 긴 줄을 만들고 기다려야 한다. 여기에는 일본처럼 사람 눈을 피해 저녁이나 밤에 몰래 전당포의 포렴을 걷고 들어오는 습관 같은 건 없다. 원주민 입장에서 보면 전당 맡길 만한 것을 소지하고 있는 것은 오히려 자랑스러운 사실이니 조금도 부끄러워할 필요가 없다. 설령 그것이 10전에서 50전 사이의 품목이라도, 어쨌든 그들은 뭘 가진 자인 것이다. 그래서 각각 맡길 물건을 안고 와서 예의 그 유유하고 느긋한 태도로 순번이 오기까지 섰다가 쭈그리고 앉았다가 하며 기다린다. 냉수 장수나 과자(꾸에)팔이, 땅콩(카창)팔이 등이 그 사이를 돌아다니는 식이다.

잘 살펴보면 원주민들은 몸을 굽히고 앉는 습관이 있다. 확실히 체력도 약해 보인다. 이런 자세가 또 하나의 예의이기도 하다. 상대방 귀인보다 낮은 자세로 웅크리고 앉고, 걸을 때 무릎으로 걷는다.

변덕스러운 우기(뭉무 우쟝)에 들면 매일 오후 스콜이 내리는데, 원주민들은 마을이라면 집 처마에서 비를 피하며 재빨리 쭈그려 앉아 비가 멎기를 기다린다. 천하태평이다. 우기라 해도 자바에서 짧게는 한두 시간, 길면 세 시간 정도 호우가 시원하게 내리는 정도이거늘 그들은 우산을 들고 다니지 않는다. 비를 맞았는데 개이기를 기다릴 수 없다면 아무렇지 않게 젖은 채 돌아다니거나 대개는 차분하게 세찬 빗발을 바라보고 있다. 시골 같은 데에서는 파초 잎을 따서 이것을 머리에 얹고 간다. 훌륭한 우산이 된다. 풀이 무성한 자바 농촌에서 하얗게 퍼붓는 호우 속을 커다란 파초잎을 쓰고 다니는 것은 꽤 볼만한 풍경이다.

참고로 인도네시아 사람들은 파초잎을 실로 여러 방면으로 잘 이용한다. 물건, 특히 식료품을 사면 여기에 싸서 준다. 가게에서 물건을 진열해 올려두는 것도 물론 그 파랗고 넓은 파초잎 위이다. 밥이나 경단 종류를 삼각이나 사각으로, 혹은 길게 둥글려서 일본의 댓잎에 말아서 찐 떡 비슷한 것도 있다. 또 작게 접어 식기 대신으로 삼기도 한다. 적절한 형태로 잘라 숟가락(센독)으로도 쓴다. 말려서 지붕을 잇고 섬유는 끈으로 쓰는데 파초잎은 튼튼하고 귀한 보물이다.

○

인도네시아 사람은 회교도(오랑 이슬람)이므로 일부다처가 맞지 않냐는 질문을 자주 받는다. 네덜란드령 동인도 혹은 자바를 소개하는 글들이 이 점을 다소 선정적으로 전달하기 때문이라고 본다. 나에게 묻는다면, 그런 사실은 아주 드물다고 대답하겠다. 이슬람을 축첩주의적 종교라고 세계에 열심히 선전하는 기독교 측의 모략이다.

물론 이슬람 경전(알 쿠란)에는 '동등하게 만날 수 있고, 또한 평등하게 사랑할 수 있는 경우에만 네 명까지 가질 수 있다'고 분명히 기술하고 있다. 덧붙여 일컫기를 '이를 평등, 공평하게 대할 수 없을 때는 한 아내를 맞아야 한다'고도 말한다. 알 쿠란(일본에서는 코란이라고 발음이 변형되었다)에 적힌 이 말을 곡해해서, 돈만 있으면 네 명까지 처첩을 두는 습관이 있다고 지레짐작해서는 안 된다.

예언자 모하메드가 회교를 창도한 당시에는 이집트, 페르시아, 인도, 중국 등과 마찬가지로 아라비아도 문자 그대로 일부다처였다. 일부다처라는 말 정도로는 따라갈 수도 없을 만큼 몹시 이리저리 얽힌 맥락이었다. 모하메드는 이 폐해를 고치고자 부심했지만 오랫동안 뿌리가 깊어진 악습은 일거에 타파할수 없었으므로 알 쿠란과 같은 제한을 마련한 것이다. 더구나 동등하게 의식주를 제공하고 평등하게 사랑해야 한다는 것이니, 실제 상으로는 거의 불가능하다. 새롭게 다른 아내를 맞으

려면 이미 있는 아내의 허락도 얻어야 하는 것도 관례이니 더욱 그러하다. 네 명까지 두어도 좋다는 것은 거기까지라면 어쩔 수 없다는 몹시 소극적 표현이었다. 하물며 네 명을 가지라는 것이 아니고 다처를 권하는 것도 아니다.

사실상 통계를 보더라도 자바에서는 조사 미상의 경우를 제외하면 일부일처가 96퍼센트였고, 한 사람 이상의 아내를 둔 자는 1.9퍼센트, 즉 백 명 중에 두 명도 되지 않았다. 하물며 네 명씩이나 둔 경우는 0.01퍼센트이므로 만 명 중에 한 명 있을까 말까 한 정도다.

회교도의 결혼은 혼인식(니카)에서 시작된다. 이것은 신부의 아버지 또는 근친자인 후견인과 신랑, 혹은 후견인에 의해 맺어지며 두 사람의 증인이 동석한다. 여자 스스로 니카를 할 수는 없다.

그리고 신랑은 신부 아버지에게 결혼 예물을 보낸다. 그 금액은 물론 신분에 따라 달라지지만, 2원(루피아) 50전(센) 내지 5원(루피아) 정도가 많다고 한다. 이는 신부의 예복값이 된다. 결혼식에는 성대한 향응을 하는 것이 성법(聖法)으로 규정되어 있으며, 그 비용도 무시할 수 없으므로 가난한 원주민은 곤혹스러워 한다는 말도 들었다. 잔치음식이 산더미처럼 준비된다. 무용수(탕다)가 불려오고 악기가 떠들썩하게 연주된다. 사람들이 모여들고 밤새도록 축하행사를 한다. 신혼의 침상(템팟 티둘)에는 향기 드높은 남국의 꽃들이 한 면 가득히 흩뿌려져 있다.

딸의 의사 여하에 상관없이 혼인식을 실행할 수 있는 사람은 그 아버지뿐이며, 맞선 결혼도 없고 하물며 연애 결혼도 없다. 이 사실에 대해서는 15, 6년 전부터 활발해진 신문화운동 측면에서 온갖 항의할 점이 있었다. 특히 그것은 문학에서 절실히 반영되었다. 낡은 시대사상과 새로운 세대와의 투쟁을 결혼 문제로 집중적으로 표현하는 소설이 다수 간행된 것을 지적할 수 있다. 그러나 절대권을 갖는 동양적 가장제도가 회교 율법에 의해 습관법(아닷)으로 자리잡은 전통의 힘은 상당히 뿌리깊은 듯했다.

회교도들 대부분은 열대지방에 거주하기 때문에 조숙하며, 따라서 조혼의 풍속이 생겼다. 예전에는 남자 열두 살, 여자 여덟 살 정도였다고 하는데, 지금은 그 정도까지는 아니다. 자바에서도 일부를 제외하고 점차 조혼은 배척되는 형국이다. 대체로 여자가 열대여섯 살 이상은 되지 않나 싶다. 그렇긴 해도 스무 살 정도면 작은 아이의 엄마가 되어 있다.

이야기 하는 김에 인도네시아인에게 나이 개념이 없다는 것은 자주 우스갯거리가 된다. '키라키라' 몇 살이라는 말은 우습다고들 한다. '키라키라'란 대략이나 대충의 의미로 자기 나이가 '대략' 몇 살이라고 말하는 것은 그들이 수리적인 사고를 하지 못하는 증거라는 말을 기사에서도 읽었고, 연설에서도 들었다. 그도 그럴 것이, 그들 대다수는 무교육자들이므로 수학적인 머리가 없는 것은 사실이지만, 나이의 경우는 꼭 그 때문만도 아니다. 그들은 햇수로는 말하지 않고, 만 몇 년 몇 개월이라는 계산 방식을 따르기 때문에, 대화를 할 때도 몇 개월은 잘라내서 15년 2개월이면 약 열다섯 살(키라키라 리마뻬라스 타흔)이라든가, 비슷하게 열여섯에 가까우면 이제 '키라키라' 열여섯 살이라고 해 버린다. 그것을 이해하지 못하는 사람이 오히려 이상한 것이다.

그런데 동양에서는 원래 '남녀칠세부동석'이라는 사상이 있다. 이슬람에서는 여자가 근친자 외의 사람에게 얼굴을 보이는 것을 죄악시하기에, 아라비아에서는 부인들은 모두 면사로 얼굴을 덮고 있어서 그 용모를 들여다볼 수 없지만, 자바에서는 얼굴까지 둘러싸지는 않는다. 그러나 집회에서는 남녀의 자리가 분명하게 구별된다. 가정에서도 남편과 아내가 같이 예배하는 것은 허락되지 않는다. 종교심이 두터운 원주민 집에서는 방문객이 아무리 귀한 손님이라도, 주부나 딸은 접대하러 나오지 못한다고 한다. 회교에서는 손님 앞에 여자를 내놓는 것은 더할 나위 없이 실례되는 대접이라 보기 때문이다. 따라서 남녀공학 형식도 절대로 있을 수 없지만, 네덜란드령 동인도 정부는 이를 단행하였고 이는 원주민들의 빈축을 샀다. 어떤 사람은 이곳을 기독교화하려는 모략이며, 유대교 3S정책[61]의 마수라고 했다. 일본의 군정 하에서는 여러 중등학교가 남녀 별제로 복귀했으므로 그들에게 환영받았다.

---

61 screen, sport, sex를 이용해 대중 관심을 정치로 향하지 못하게 하는 우민 정책.

하지만 이러한 것들이 남자들의 전횡이라고밖에 말할 수 없는 것은, 다음에서 기록하고 있는 이혼에 관한 습관법의 경우와 다르지 않다. 경전에서는 '남편은 아내의 옷이다'라거나 '천국은 어머니 무릎에 있다'고 하는 말에서 아내 및 모성에 대한 존경을 충분히 표현하고 있다.

회교법에서는 남편의 일방적 의사만으로 아내를 이혼시키는 것을 인정한다. 무엇보다 그럴 경우에는 혼인 때 약속한 액수의 '마할(비싼 값의)', 무엇이라 번역해야 할까? 어떤 의미에서의 생활보조금을 아내에게 주어야 한다.

이것은 아내에게 불리해 보이지만, 자바의 습관법(아닷)에서는 식을 거행할 때 아내 측에서 다음과 같은 조항을 제언할 수 있다고 한다. 즉 남편이 아내를 부양하지 않거나, 혹은 무단으로 여행을 떠나거나, 혹은 때린 경우에는 아내의 이혼 신청을 수리해야 한다.

또한 회교법에서는 아내에게 준 재산을 헤어질 때 도로 빼앗을 수 없으며, 또한 당시 여성의 임신 여하, 이혼 후 갓난아이와 어머니에 대한 책임도 상세히 가르치고 있다.

이혼을 당한 여성에 관한 규정에서는 '이혼당한 부인은 세 번 월경이 있을 때까지 기다려야 한다'고 되어 있다. '남편이 죽고 아내가 남으면 아내는 4개월 10일을 기다려야 한다'고도 돼 있다.

마지막으로 이교도와의 결혼은 불가능하며, 반드시 회교로 개종시킨 뒤 혼인해야 한다.

○

　원주민은 자주 '사야 말루'라는 말을 내뱉는다. 부끄럽다는 의미다. 염치가 있는 마음이라면 무언가 도의적으로 높은 것을 연상하게 되고, 문화 수준이 충분치 않은 그들에게 해당되지 않는다 여기겠지만, 그에 가까운 사례도 있다. 앞서 말한 것처럼 생산품을 파는 것이 아니라 상품을 유통시키는 것만으로 이익을 거두는 장사를 천하게 여기는 것도 그러한 의식의 발현이며, 명예를 중시하고 체면을 소중히 여기며 계통이나 종류에 관하여 자부심을 가지는 점도 훌륭하다. 전체적으로는 금전에 관한 이야기를 입에 올리고 싶어하지 않는다. 돈을 원하지 않는 것이 아니라, 가난해서 목구멍에서 손이 뻗어 나올 만큼 필요한 경우조차 자기 노동이나 수고에 대해 보수 금액을 선뜻 말하지 못한다. 이쪽에서 어느 정도 주어야 할지 몰라 말해 주지 않으면 난감하다고 말하면, 그런 건 자기도 말 못 한다며 '사야 말루'라고 대답한다.

　이러한 '사야 말루' 감정은 체면을 몹시 중시하는 기질이기도 하다. 특히 공중의 눈앞에서 자존심을 다치게 되는 것을 가장 싫어한다. 구타나 폭행 같은 것은 커다란 모욕이며, 우리 입장에서는 아무렇지 않은 일도 그들은 대단히 부끄러운 사건이라 느끼는 경우가 있는 모양이다. 자신이 타인의 웃음거리가 되거나 조롱받는 입장에 놓이는, 일본에서 말하자면 쥐구멍에라도 들어가고 싶은 생각에 사로잡히거나, 까닭 없이 압박을 받고 학대를 받는다거나, 이런 경우를 실로 참기 힘들어하며 가해자에 대해서 복수심을 품는다. 더구나 이런 원한은 단순히 한 개인의 체면 문제가 아니라 가족 또는 부족의 명예를 위해 의무적으로 되갚아야 하는 일이라 여긴다. 여기에 그들 성격의 일면이 보여 흥미롭다.

그러나 복수라고 해도 반드시 곧바로 발산되는 것은 아니다. 그들은 곧바로 행위로 가져가지 않지만, 하지만 그 복수심은 오래 남아서 점점 강도를 더하다가 마지막에는 아무런 직접적 이유도 없이 어떤 행위로 폭발한다고 일컬어진다. 실로 예의 바르고 평정심 있는 그들은 일본의 무사처럼 참기 어려운 것도 꾹 인내하고, 얼굴색도 바꾸지 않을 때조차 있다. 더구나 인도네시아 민족운동의 선구자 카르티니 여사[62]가 분명하게 말한 것처럼, 그들의 얼굴은 무표정한 상태에 머물러 있지만 내부의 감정은 불타고 있는 것이다.

억압된 집요한 감정이 쌓이다 폭발했을 때 그들은 '마타 글라프' 또는 '아목' 현상이라고 한다. 어느 쪽이든 때와 장소를 가리지 않고 돌연 미치광이처럼 흥분상태에 빠져 염원하던 복수를 실행한다. 평소의 그들로는 믿어지지 않을 정도로 흉포해지고 잔인성을 발휘하며 난폭에 난폭을 더해 다른 이를

----

62 라든 아증 카르티니(Raden Adjeng Kartini, 1879-1904). 인도네시아 여성 지위 상승을 위해 노력한 민족운동가. 인도네시아의 국모로 추앙받는 1만 루피아 지폐의 인물.

살상한다. 살인광이라고 할 만한 상태에 이르고 '마타 글라프'의 경우 특정 상대에게 해를 끼치지만, '아목'이 되면 부모자식이나 형제까지도 분간을 못하고 길거리 같은 데서 지나던 사람, 길을 막으려는 사람을 아무나 구별도 않고 흉기를 휘둘러 유혈의 참상에 이르는 것이다.

여기에서 표면적으로 온화한 인도네시아 사람들 내부에 흐르는 격렬한 혈기를 보아야 한다. 잘 길들인 가축이라는 둥 허튼소리를 지껄이던 서양인들은 결국 그들의 본질을 인식하지 못하고 말았던 것이다.

11

주지하는 것처럼 자바에서 원주민의 자주적 문화계몽 단체로서 계민문화지도소(푸삿 케붑다냐얀)가 발족한 것은 1943년 4월, 자바 평정 후 일 년째였다. 나는 그 조직의 한 부문인 문학부에 지도원 명의를 겸임하여 근무하게 되었고, 귀환하는 날까지 인도네시아 문학자들과 함께 일했다. 지금 이 글에서 사적인 편지를 보내는 상대는 문학부장인 알메인 파네[63] 씨이며, 과거에는 발라이 프스타카(국민도서국)에 근무했고 『판지 푸스타카(*Panji Pustaka*)』지의 편집책임자이기도 했다. 인도네시아어 정비에도 진력한 바 있는 인물이다. 고명한 열혈 시인이자, 현재 인도네시아인에 의해 쓰여지는 최초의 대저작에 몰두해 있는 사누시 파네[64] 씨의 동생인 만큼, 실로 온화하고 따뜻한 표정 속에도 격렬하고 뜨거운 무언가를 내재하고 있다는 것이 조용히 말하는 어조 끝에서도 종종 엿보였다. 희곡, 소설 등의 저서가 다수 있다.

....

63 알메인 파네(Armijn Pane, 1908-1970). 저널리스트이자 교육자, 작가. 소설, 희곡, 시를 썼으며 잡지를 편집. 혁명적 작품으로 인도네시아 문학에 큰 공헌자로 평가받음.

64 사누시 파네(Sanusi Pane, 1905-1968). 작가, 언론인, 역사가. 여러 문학 매체에서 매우 활발히 활동하고 출판물 편집 위원회 역임. 인도네시아 민족 혁명 이전의 가장 중요한 극작가로 평가.

알메인 파네 군

우리가 헤어지고 벌써 10개월이 되려고 합니다. 계민문화지도소의 강당에서 지도소 주최와 문학부 주최의 송별회를 두 번이나 해 주던 때의 기억이, 평범한 표현이지만 어제 일처럼 선명하게 남아 있는데 벌써 그런 시간이 다 지나버렸습니다. 물론 그동안 자바는 급속도로 훌륭하게 발전했습니다. 자바봉공회의 성립, 방위의용군의 성장, 증산, 특히 식량 증산의 현저한 진척 모습 등은 방송이나 각종 보도를 통해 듣고 있습니다. 지난 번에는 〈남쪽의 소망(南の願望)〉이라는 인도네시아인들끼리 제작한 영화가 도쿄에 도착했는데, 그 중심이 되어 참가하고 기획한 것이 계민문화지도소의 제군들인 만큼 더욱 흥미가 갔으며, 지금 현재의 자바 모습을 떠올렸습니다. 아주 드물게 입수할 수밖에 없어서 유감이지만, 『신 자바(新ジャワ, 자바 바루)』 지상에 문학부의 젊은 제군들, 예를 들어 우스말 이스마일 군이나 아오 카르타하디마자 군 등의 소설이 게재되어 있으면, 든든하게 성장해 가는 인도네시아의 반영을 거기에서 보는 기분이 들어 탐닉하여 읽게 됩니다.

과반의 임시의회에서 고이소(小磯) 수상[65]이 동인도 독립에 관하여 준비하는 바가 있다는 뜻의 연설을 한 것이 제군들에게 어떤 반향을 불러일으켰을지, 그것도 눈에 보일 듯합니다. 완전히 인도네

....

65 고이소 구니아키(小磯國昭, 1880-1950). 육군 군인이자 정치인으로 제41대 일본 내각총리대신. 대동아성 대신을 거쳐 1942년 조선 총독에 부임하여 학도병 제도를 실시.

시아 편이 되어 버린 나도 정말 내 일처럼 감격했습니다. 일본에서는 아직 인도네시아 민족의 실정에 관하여 잘못 전달되는 점이 없지 않고, 개중에는 완전히 우스꽝스러운, 예로 드는 것조차 황당무계한 인식 부족도 보입니다. 모두 서양인들의 우월감에서 아시아에 대해 왜곡된 견해와 선전이 일본에까지 들어온 증거입니다. 그러한 것에 대해 '어떠냐, 동인도는 장래의 독립을 약속받았단 말이다'라며 큰 목소리로 말해 주고 싶은 심정이었습니다. 무엇보다 나도 독립이라는 말이 갖는 낡은 냄새는 그리 좋아하지 않습니다. 그것이 자주적 존재를 의미하는 한은 괜찮지만, 식민지적 착취나 노예정책을 전제로 하여 그에 대립하는 개념에서라면 이 대동아공영권에서는 있을 수 없는 말이기 때문입니다. 자바에서는 황군에 의해 이미 그러한 전제조건이 깨끗이 배제되어 있어서, 새삼 독립이라는 문제도 지금까지 고려되지 못하고 그저 성전 완수에만 매진해 왔던 것이라고 생각합니다. 그래서 지금 주어지려는 독립은 제군들이 오랫동안 네덜란드령 동인도 정부와 항쟁해온 민족운동의 궁극적 목적이었던 것과는 다소 성격을 달리하는 것 아니겠습니까? 말할 나위도 없이 대동아공영의 대이상은 향후로도 어느 정도의 곤란과 시간을 초극해내야만 수립되겠지만, 현실적으로는 그것을 위한 독립이라는 형식도 필요해질 것입니다. 나는 그렇게 해석합니다.

하지만 그것은 그렇다 치더라도 제군들의 환희는 상상하고도 남음이 있습니다. 그와 동시에 무언가에 내몰리는 듯한 분주함을 느끼지 않을까 생각합니다. 독립을 앞두고 민족 전체로서의 마음가짐, 자세는 충분히 갖추어졌는지 아닌지 반성 또한 수반하지 않을 수 없겠지요. 그 역사적인 큰일이 실현되기까지 모든 것을 완비해야만

하는, 그러한 바쁜 마음 상태일 것입니다. 말하자면 졸업시험을 앞두고 그 준비에 쫓겨 죽을 것 같은 그러한 초조함이겠지요. 일본에서는 정월을 맞기 전에 세밑이라고 해서 묵은 해의 일들은 모두 해결해 버리는 안정감 없는 며칠이 있습니다. 그와 비슷한 경험을 자바도 당분간 지속하게 될 것입니다. 그러나 졸업시험은 멋지게 통과해야 하며, 빛나는 새해는 어떠한 일이 있어도 맞이해야 합니다. 계민문화지도소의 임무와 책임도 점점 더 중대해질 것입니다. 무엇보다 준비라고 해도 이리저리 소위 국민 수준에 관하여 자기만족을 할 때까지 노력하는 것임에야 끝도 없겠지만, 대동아전쟁 완승이라는 큰 강령에 무엇이든 결부시킬 수 있을 만큼의 준비를 말하는 것입니다.

어쨌든 자바가 이 정도에 이르렀다는 말을 들으니 감개무량하고 기쁜 일입니다. 그러는 한편 나는 자바를 떠나 10개월 동안 무엇을 했는지 되돌아보게 되어 정말 부끄럽습니다. 귀국할 때에 기념품(탄다 마타)으로 당신을 비롯해 제군들의 저서를 많이 받았는데, 어느 하나도 아직 일본에 소개되지 않았습니다. 소개는커녕 인도네시아 문학계에 관해서도 아직 이렇다 할 정돈된 문장도 쓰지 못했습니다. 나 스스로도 놀란 나태한 상황이었습니다. 하지만 지금부터라도 늦지 않을 겁니다. 차차 제군들의 명작을 번역하려고 합니다. 우스운 이야기지만 나는 자카르타에 있을 당시보다도 인도네시아어가 더 능숙해졌습니다. 여러 면에서 학습에 편의가 가능했던 현지에서는 오히려 공부를 게을리하다가, 일본에 돌아오고 나서 본격적으로 열심히 공부하기 시작했으니 우습지요. 하지만 이것도 자바에 대한 향수가 시킨 일이었습니다. 실제로 푸근한 환경과 두터운 인정의 아름다운 섬 생활을 멀리서 떠올릴 때마다 향수라고 형용해도 좋을 만한 감정을 금할 수 없습니다. 그 무렵 나는 서민 마을(코타)에서 품위 없이 떠드는 말들 정도는 할 수 있었습니다. 내뱉는 식의 말투(오몽 베타위)를 자신만만하게 구사하며 당신들 문화인의 눈살을 찌푸리게 한 적도 있었지요. 요즘은 드디어 문장도 조금은 읽어낼 수 있게 되었습니다. 신생 자바의 숨결을 생생히 그려낸 듯한 작품을 가급적 많이 보내주십시오. 그리고 『동방 예술(쿠프다이안 티모르)』 제2호는 어떻게 되었을까요? 몹시 고대하고 있습니다.

당신도 일본어를 잘 하게 되었는지요? 언젠가 사누시 파네 군이 '가나(仮名)는 괜찮은데 한자는 아무래도 어려워서요'라며 쓴웃음을 짓고 고개를 흔들었는데, 지금은 어떻습니까? 일본어는 그 자체로 일본 정신입니다. 무엇이 어찌 되더라도 자기 것으로 만들어 주세요.

멀리에서 당신의 건강을 빌고 계민문화지도소가 한층 더 활약하기를 간절히 바라면서 붓을 놓습니다.

민족의 여명이 밝아오다

상륙 한 달 후의 자바

오늘도 또 우리 선전반 사무소 앞에서 인도네시아 군중들이 '와―, 와―' 환성을 지르고 있다. 유리발 너머로 보니 그들은 어느샌가 새카맣게 모여들어 제각기 손에 무엇을 들고 그들에게 무례한 동작을 한 듯한 네덜란드인들을 위협하고 있었는데, 네덜란드인들 쪽은 겁을 먹고 그 공포를 눈과 이마에 배어 나오는 땀으로 드러낸 채 어딘가 잘 이해가 되지 않는 모습을 보였다.

자기들처럼 뛰어난 민족인 서양인이, 어제까지는 절대적인 권력자였던 자신들이, 이 피부 검은 인간에게, 다리 짧은 돼지, 집오리, 개라고 매도하며 인간 취급도 하지 않으며 무기력한 노예 이외에 아무것도 아니라고 생각하던 자들에게 이러한 반항을 당하게 되니 도저히 이해할 수 없는가 보다.

여기는 반둥의 큰 거리이므로 상당히 많은 네덜란드인이 오가고 있었는데, 모두 이 모습을 보고도 못 본 척하고 가거나 자전거나 마차로 서둘러서 달려 빠져나가고 있어서 아무도 제 편이 되어 줄 것 같지 않으니, 예의 그 네덜란드인들도 얼굴을 가리고 살금살금 도망치는 수밖에 없었다.

뒤에 남은 군중들 속에서 누군가가 '히두프, 아시아, 라야(대아시아 만세)', 두 차례 그에 호응하는 '와–' 소리. 자바에서 누가 진정 이러한 광경을 상상이나 했겠는가. 네덜란드인들이 생각해 보지도 않은 세상이 되어 버린 것이다. 모든 것은 일변했다.

우리가 반둥에 입성했을 때, 그들은 아직 전쟁에 패배한 것은 군대이지 자기들이 아니라는 식의 기묘한 관념을 가지고 오만한 표정을 하고 있었다. 여전히 동양인을 내려다보는 듯한 태도로 우리를 대했으며, 짐짓 고의적으로 보일 정도로 태연함을 가장하여 개인 생활을 즐기며, 남녀는 팔장끼고 아름다운 이 마을의 가로수길을 유유히 걷고 있었다. 삼백 년 지배해온 전통이 그들로 하여금 이 동양의 화원의 주인 지위를 양보하지 못하게 하는 듯 보였다. 그러나 지금은 다르다. 완전히 달라졌다.

이미 그들은 네덜란드인이라는 것조차 부끄러워하기 시작했다. 비굴하게 우리에게 악수를 청하고 아부를 하며 자기가 사실 독일계라든가 체코슬로바키아인, 노르웨이인 또는 아르메니아인이라고 말하고 싶어했다. 갑자기 조작된 나치당원이 늘었고 그 자격을 친일이라는 증거로 이용하려 했다.

일본어를 배우려는 기운은 그들 사이에도 팽배하게 일었다. 교본이 무수히 유포되는 시대에 홍모벽안의 그들도 귀순한 백성이 되고자 자세를 가다듬은 것이다. 그들은 천황의 위세의 빛을 널리 받고 또한 우리 무사도의 정신적 관용에 대해 깨닫게 된 것일까? 어쨌든 이 남쪽 바다 화려한 섬의 현실은 우리 야마토(大和) 민족이 당당히 나아갈 바의 징표이다.

－『도쿄아사히신문(東京朝日新聞)』 1942년 4월 7일.

그리운 풍물

금세 친숙해지는 자바의 인상

반둥은 해발 715미터의 고원지대에 있는 아메리카화된 대도시로 호화로운 별장이 많다. 기후는 신슈(信州)의 가루이자와(輕井澤)[66]에 빗댈 수 있을 것이다. 정말 살기에 적당하다.

불타는 듯한 태양은 있지만 이상하게 깊고 무성한 나무그늘로 들어가면 청량한 미풍이 금방 땀을 식혀준다. 산미를 머금은 수분이 풍부한 열대의 과일도 목마름을 단번에 해결해준다. 푹푹 찌는 듯한 느낌은 없고 더욱이 스콜이 열기를 식히기 위해 매일 대대적으로 쏟아붓는다.

이러니 어디로 가든 우리 일본인에게 적절한 기후가 아닌가 생각한다. 아니 좀 묘한 화법을 쓴다면 저 멀고 먼 바닷길을 넘어왔다는 사실이 아무래도 실감나지 않는다. 어느 틈엔

----

66 예전 신슈(信州)로 불리던 나가노 현(長野県) 동쪽 지방의 도시로, 일본에서 손꼽는 고원 리조트지. 일본에서 가장 오래되고 유명한 피서지, 별장지로 메이지 시대부터는 서양인들도 애호한 장소.

가 도쿄와 이곳 사이의 거리는 잊게 되고, 옛날부터 쭉 살며 친숙해진 듯한 착각을 일으키는 것이다. 누구나 말하는 것처럼 야자나무만 없으면 일본과 하나도 다를 바 없는 경치인 까닭이기도 할 것이다.

어둠 속을 푸르스름하게 반딧불이가 날고 있다. 아, 이곳에 분명 와 본 적이 있다는 느낌이 들며 완전히 처음 밟아보는 땅이라는 생각이 들지 않는다. 내 핏속에는 이곳을 잘 알고 있는 무언가가 흐르는 것을 자각하게 된다.

대나무숲속에 쇼소인(正倉院)[67] 양식으로 지어진 작은 오두막이 늘어서 있는 부락(캄퐁) 투브리거 마을 사이를 트럭에 실려 다니며 적의 위협사격을 받고 차단물에 몸을 숨긴 채 숨막히는 순간, 전투가 뚝 그침과 동시에 매미소리가 맴맴 하며 귓가에 울린 것도 무언가 아득한 날들을 떠올리게 했다.

파메루라얀에서 랑카스비퉁으로 진군하는 도중에도 후지산과 닮은 카난산을 보거나 개구리가 우는 길가에 늘어선 원주민들이 우리와 많이 닮은 용모나 체질을 직접 보고 어딘가 친숙해지기 쉬운 분위기를 느낀다.

－『도쿄아사히신문(東京朝日新聞)』 1942년 4월 14일.

....

67 쇼소인은 나라 시(奈良市) 도다이지(東大寺)에 있는 대규모 창고로 일본의 국보이자 세계유산. 교목 목재를 우물 정자식으로 쌓아올린 외벽이 특징적인 전통적 창고 건축 양식.

여행지 소식

(1) 4월 20일 아침 일찍 타시끄말라야의 우리 숙사에서, 주인집 아이가 할례 의식을 하는 것을 볼 수 있었다. 야자나무 잎과 줄기로 만든 작은 식장이 아름답게 꽃으로 장식되어 있다. 코란의 말처럼 들리는 것을 중얼중얼하는 사람들에게 둘러싸여서 수술은 눈 깜짝할 사이에 실로 간단히 끝났다. 그와 동시에 조금 떨어진 곳에서 닭을 단도(크리스)로 때려잡고 있었는데, 그것도 무언가 의미가 있을 행위일 것이다. 식장의 주위에 있던 과자나 바나나는 모인 아이들에게 나누어준다. 할례를 받은 아이는 새로운 사롱을 걸치고 인사를 다니러 나갔다.

(2) 4월 20일, 타시끄말라야 경비대, 엔도(遠藤) 중위, 마쓰모토(松本)와 사쿠라이(櫻井) 두 군조(軍曹)[68]의 안내로 이 시의

----

68 근대 일본군 하사관 계급 중 하나. 오장(伍長)의 위이며 조장(曹長) 아래로 현재의 중사 격.

남쪽 65킬로 정도 되는 산속에 파미자한 마을에 있는 쉐흐 압둘 무흐이[69]의 묘소로 참례했다. 오백 년 전 자바로 이슬람교를 들여온 수난 구눙 자티의 아들인 그의 묘는 메카에 갈 수 없는 자들 입장에서 이 섬의 메카라고 할 수 있는 성지다. 바깥문에서 모자를 벗고, 매미소리가 시끄럽게 들리는 오솔길을 잠시 걸으면 돌이 많은 작은 개울에서 신불을 벗고 손발을 깨끗이 한다. 선도하는 하지[70]들이 '하람 하만', '하람 하만'[71]이라고 말하면서 오래된 돌계단을 올라간다. 간소한 사당 안으로 들어가 고요하고 차가운 복도를 돌아 기도가 시작되었다. 황군의 무운이 장구하기를 빌고 '대아시아를 위하여' 같은 말도 들린다. 그리고 오랫동안 〈라 일라 일룸〉[72]이 반복되었다. 어느샌가 모여있던 마을사람들도 목소리를 맞추어 〈라 일라 일룸〉에 일종의 곡절을 붙여 되풀이한다. 이 근처 주민들은 아랍계통의 혈통이 많아 보였다.

....

69 쉐흐 압둘 무흐이(Syekh Abdul Muhyi, 1650-1730). 인도네시아 자바 섬에 이슬람교의 한 종파를 전파한 귀족 출신 성인으로, 이슬람 경전을 번역했으며 자바 섬 사람들로부터 존경받은 인물.

70 아랍어로 '하지(Haji)'는 이슬람교에서 메카 순례 즉 성지 순례를 마친 이를 높여서 이르는 말.

71 아랍어로 '하람(Haram)'은 성지나 메디나를 규정하는 협정과 그 부칙, 혹은 무함마드를 단순히 예언자 또는 다른 칭호 없이 부르는 칭호로 성지의 의미에 가까우며, '아만(Aman)'은 안전이나 보호를 의미. 따라서 이 말은 성지 보호, 성지 순례를 뜻하며 일종의 구호처럼 사용됨.

72 아랍어 '라 일라 일룸(La ila illum)'은 실로 그렇게 되기를 바란다는 뜻의 종교적 후렴구로 쓰이는 말.

(3) 마겔랑 마을에서 본 일이다. 야자나무 줄기 같은 것을 롤러처럼 느긋하게 끌고가는 남자들, 정말 천천히 걷는다. 무엇을 하고 있는 것인가 보니 이 사람들은 도로 청소부들로 거리 위의 먼지, 특히 말똥을 그 나무에 묻게 해서 끌고 가는 것이다. 무언가 아주 느긋한 풍경이라 그런 점이 도리어 여행자의 눈을 끈다. 또한 이 마을에서는 새롭게 대규모로 도로 포장을 하고 있는 것을 보았다. 전쟁은 진작 건설 단계에 들어와 있구나 깊이 느꼈다.

○

4월 24일, 낮과 밤 두 번 경비대 사자와(佐澤) 부대를 위해 위문연예회 실시.

(4) 〈불적(佛蹟) 보로부두르〉를 촬영한 후 욕야카르타로 돌아갔다가 이어서 〈수성(水城, 마탄 사리)〉 촬영의 예행연습을 하러 간 것이 4월 26일 오후였다. 수성이란 이백 년 정도 이전의 포르투갈인 기사가 머리를 짜내어 술탄의 첩들을 기쁘게 하려고 만든 특수한 건물이다. 두꺼운 돌벽 바깥에 물을 채우고, 그 물을 늘 흐르게 해서 그녀들에게 더운 느낌을 주지 않도록 고안했던 듯하다. 그러나 지금은 완전한 폐허다. 방과 회랑이 모두 돌로 된 감옥처럼 어둡고 음울했으며 호사스러움을 자랑했을 침실도 서글프게 무너져 내렸고 이끼가 끼었다. 나

체의 미녀들이 목욕하던 풀장은 지저분하고 탁하게 썩어 나뭇잎에 뒤덮였으며, 두꺼비 같은 것이 흉측한 배를 드러내고 죽어 있었다. 강렬하고 뜨거운 빛 아래에서 모든 것이 공허한 풍경이었다. 참고로 이 성곽 안에 있는 주민들은 모두 몇 대 전부터 이어진 혈족 결혼 탓인지, 서로 비슷하게 단정한 용모인 자도 있는가 하면, 눈이 먼 자나 나환자도 많이 보였다.

(5) 4월 28일, 천장절 전날 욕야카르타에서 술탄 일족을 불러 일본을 소개하는 영화회를 개최했다. 술탄은 '토후(土侯)'에 해당하는데, 옛날식으로 말하자면 이 일대의 왕이다. 토후 일족은 잇따라 동화 속에 나올 듯한 마차를 타고 줄줄이 나타났다. 마부는 붉은 윗옷을 입고 신호 삼아 피리를 분다. 왕족 남자들은 여유 있는 귀족적 표정을 하고 있으며, 등뒤에 단도(크리스)를 휴대한다. 여자들은 아래쪽은 내리고 가볍게 이중으로 올린 머리가 특징이며, 용모와 자태에 어딘가 교토 미인 같은 섬세함이 떠오른다. 술탄의 입장에 일동이 기립하고 엄지손가락만 떨어뜨린 합장으로 절을 하는 것은 와양 오랑이라는 전통 무대연극에서 보는 것과 비슷하다.

영화가 준 감명은 술탄을 비롯한 그들에게 상당히 심각한 무언가였던 듯하다. 일본의 정신을 더 알고 싶다는 욕구는 훨씬 예전부터 있었다고 들었다. 젊은 왕족 중 어떤 이는 도쿄 유학을 진심으로 바라고 있었다. 그들은 일본에 대한 절대적 충성을 맹세했다.

(6) 초라한 포장마차라고 부르기에도 뭣한 음식을 짊어지고 다니는 장수가, 그것도 중국인의 경우에 한정되는 듯하지만, 제대로 일꾼(종고스)을 사용한다. 불을 피우거나 배달을 시키거나 짐을 들게 하거나……, 하지만 주된 요리만큼은 주인이 담당한다. 이러한 종고스가 어느 정도의 급료를 받는지 묻는 것만으로도 촌뜨기일 것이다. 연극에도 종고스 배역이 있어서 익살스러운 연기를 하고 늘 친근한 극중 인물로서 관람객들에게 환영을 받는데, 네덜란드인, 중국인들로부터도 오랫동안 비참한 종고스 계급으로만 취급받던 그들도 천황의 위세 하에 마침내 각성하고 자신을 되돌아보려 하고 있다.

(7) 아침저녁으로 목욕하기를 좋아하는 원주민들이다. 누렇고 탁한 강물이기는 하지만 차가워서 햇볕에 탄 그들의 살갖을 다독여준다. 쌀을 씻고 채소를 씻으며, 수많은 옷을 바위에 두드려 빨래하고, 때가 되면 사롱을 절묘하게 벗고 물에 들어간다. 나이가 든 사람이든 젊은 사람이든 아이처럼 양손으로 물을 두드리고 다리를 들어올려 물보라를 튕긴다. 그 두드리는 방식에 무슨 리듬이 있는 것은 종교적 의미가 있는 것일까?
잠수하듯이 얼굴을 물아래로 하면 검은 머리칼이 슥 떠올라 아름답다. 강바닥의 진흙이나 모래를 퍼올리는 것은 그것을 가지고 하얀 이를 닦기 위해서이다.

(8) 케디리 마을에 온 것은 5월 4일이다. 이틀 체재하고 선전 선무와 황군 위문을 실시했다. 마침 단오에 해당하는 날이라 요코야마(横山) 군[73]이 종이로 잉어 모양을 만들어 자기 숙사 앞에 내걸었다. 위문회장으로 차를 타고 온 용사들이 이것을 보고 '와' 하고 탄성을 내질렀다. 그리운 일본의 이 풍습을 잊고 있던 것은 아니건만, 뭔가 아주 머나먼 곳의 일인 양 여겼던 것이 눈앞에 보이니, 가슴을 훅 치는 느낌이 들었을 것이다. 아울러 이 마을의 치안은 충분히 관리되고 있었고 민중들도 잘 훈화되어 있었다. 황군에 대한 태도도 아주 좋았다. 선전영화를 보여 줄 때도 서로 밀지도 않고 혼잡하지도 않았으며, 한 줄로 서서 순서를 기다렸다. 경비대장 이하 그들의 됨됨이를 알 수 있어 마음이 끌렸다.

— 『우나바라(うなばら)』 1942년 5월 21일~29일.

....
73 각주 81)에서 설명하는 만화가 요코야마 류이치일 것으로 추정.

자바의 '후쿠짱'[74]

(1) 적진 상륙

3월 1일 바타비아, 수라바야 바다의 대해전은 대동아전쟁에 참가한 후쿠짱이 영원히 잊지 못할 장면입니다. 장절하기 짝없는 이 전투를 무릅 쓰고 황군은 자바섬에 역사적인 한 걸음을 내디딘 것입니다. 해상은 그렇게 격렬했지만 대신 적병들이 일찌감치 패주해 버린 육지는 뭐라 말할 수 없이 고요했습니다. 몇십 일 만에 밟아보는 흙에 대한 그리움에 더하여 가슴을 훅 파고든 것은 일본과 같은 벼꽃의 냄새였습니다. 아직 그치지 않은 포성과 소소하게 야음을 틈타 진격하는 병사들의 모습에서 도리어 끝을 알 수 없는 고요함을 느꼈습니다. 그 속을 푸르

....

74 후쿠짱은 『도쿄아사히신문』 도쿄판에 1936년부터 연재된 만화의 조연이다가 점차 인기를 얻어 등장 8개월 만에 주인공이 된 어린이. 작자 요코야마 류이치(横山隆一)가 자바에 종군을 하게 되자 1942년 〈자바의 후쿠짱〉으로 등장하기도 했으며, 1944년에는 요코야마가 연출한 애니메이션 〈후쿠짱의 잠수함(フクちゃんの潜水艦)〉 개봉. 전후에도 이어지고 1971년까지 연재됨. 여기 글은 그 후쿠짱 캐릭터의 입을 빌려 자바의 모습을 스케치하는 형식으로 쓴 내용.

스름하게 반딧불이가 휙 날았다가 깜박이고 있었습니다.

(1942년 6월 23일)

(2) 원숭이가 나오는 포장도로

자바섬에서 옛 네덜란드 정부의 시설 중에 감탄한 것은 치수와 도로포장입니다. 자동차가 가기 위한 길은 어떤 산간벽지에라도 이를 수 있게 완비되어 있다고 해도 좋을 것입니다. 우리는 종종 포장도로를 가로지르는 큰 무리의 원숭이를 보곤 했습니다만, 원숭이가 사람이나 자동차를 무서워하지 않는다기보다는 원숭이가 살고 있는 곳까지 사람이나 차가 자꾸자꾸 들어간 것입니다. 거기까지 개발되었다는 이야기입니다. 실로 밝은 남방의 대기에 일장기가 빛나는 곳을 야생원숭이가 무리를 이루어 유유히 걷고 있는 것도 하나의 흐뭇한 광경이었습니다.

(1942년 6월 24일)

(3) V자 운동

자바섬에서도 V자 운동이 활발했던 것으로 보입니다. 반(反) 추축국[75] 측의 마지막 승리를 희망하고 민심에 호소하던 이 운동은 곳곳에 침투해 있었습니다. 마을마다 눈에 띄기 쉬운 장소, 일상적인 기구, 달력 일지는 말할 것도 없고 성냥,

---

75 추축국은 제2차 세계대전 당시 나치 독일, 이탈리아 왕국, 일본 제국을 중심으로 침략 전쟁을 일으킨 진영.

담배, 때에 따라서는 네덜란드 정부 측 민간에게 준 표창장 종류에 이르기까지 빛에 비춰보면 V자가 하얗게 뜹니다. 그리고 패전한 오늘날, 그 희망이 덧없이 잔해를 드러내는 것은 허무하고 한심한 느낌을 불러일으킵니다.

(1942년 6월 25일)

(4) 연극(와양 오랑, wayang orang)

자바 사람들은 연극이나 음악을 아주 좋아합니다. 밤 9시쯤부터 시작해서 한밤중 1시, 2시까지 아무렇지도 않게 이어집니다. 한마디로 말하자면 가부키 연극인 〈소가고로(曾我五郎)〉[76], 〈시바라쿠(暫)〉[77]와 같은 남성적 작품입니다.

"와, 싸움 장면이 시작됐어." 후쿠짱은 아주 기뻐합니다. 그러나 싸움 장면이라고 해도 대부분은 함께 무대에서 얽혀 서로 베는 것이 아닙니다. 둘씩 류큐(琉球)의 무술인 가라테(唐手) 같은 것을 하며 이따금 아주 볼만한 정지 장면을 연출합니다. 연극에는 반드시 종고스(하인) 배역이 나와서 바보같은 짓을 하여 구경꾼들을 웃게 만듭니다.

(1942년 6월 26일)

----

76 소가 주로(曾我十郎)와 고로(五郎) 형제가 아버지를 죽인 원수를 갚는 이야기를 제재로 한 일련의 가부키나 인형극.

77 악당 귀족이 선한 사람들을 해하고 죽이려 할 때, 초인적인 호걸 주인공이 '시바라쿠(잠깐만)'라고 크게 소리내며 등장하여 악인을 혼내주고 선인들을 구하는 내용의 인형극.

(5) 종고스(Jongos)

후쿠짱도 조금씩 자바의 말을 알게 되었습니다. 오늘도 거리에서 '저게 종고스지?'하며 손가락으로 가리킵니다. 종고스란 하인을 말합니다. 일본 포장마차 같은 음식 가게나 주인에게 고용되어 불을 피우거나 설거지를 하거나 짐을 지거나 합니다. 주인은 중국인으로 딱 보기에도 가난해 보이는데, 그에게 사역당하는 종고스는 한층 더 가엾습니다. 자바에는 종고스가 많습니다. 그러나 지금은 일본 덕분에 이 비참한 종고스도 한 사람의 어엿한 일을 하려고 점차 각성하고 있습니다.

(1942년 6월 27일)

(6) 만디(Mandi)

누렇게 탁한 강물입니다만 원주민들은 아침이든 저녁이든 만디(목욕)를 즐깁니다. 어른도 아이처럼 물을 첨벙첨벙 몸에 뿌려대거나 발로 차올려서 물보라를 일으킵니다. 저런 저런, 강밑바닥의 진흙 섞인 모래로 이를 닦고 있습니다. 이걸 보고는 후쿠짱도 놀란 모양입니다. 쌀이나 채소를 씻는 것도 이 강물입니다. 여자들은 많은 옷들을 바위에 두드려대면서 빨래도 합니다.

"나도 물에 들어가고 싶어!" 강한 태양빛에 노출된 채 후쿠짱은 하염없이 물을 바라보고 있습니다.

(1942년 6월 28일)

(7) 아이의 담배

"내가 자바에 상륙했을 때 이상하다 여긴 것은 어느 마을에 가든 아이들이 아무렇지 않게 담배를 피우고 있는 것이었습니다. 이건 안 되겠다 싶었습니다. 앞으로 우리와 사이좋게 지낼 아이들이 뻐끔뻐끔 연기를 뱉어내는 광경은 생각지도 못한 것이었습니다. 하지만 요즘은 잘못이라 여겼는지 거의 볼 수 없게 되었습니다. 병사들이 친절하게 주의를 주었기 때문입니다. 그래서 나도 안심했습니다." —— 어느 날 후쿠짱의 일기에는 이렇게 쓰여 있었습니다.

(1942년 6월 30일)

(8) 괴조

"와, 큰 새다." 갑자기 후쿠짱은 외쳤습니다. 도시 한가운데에서 설마 이런 묘한 모습을 한 새와 마주치게 되리라고는 생각지 못했습니다. 남쪽에서는 보기 드문 새들 투성이입니다. 발리 섬에는 유명한 극락조가 있습니다. 아름다운 날개 색은 정말 극락을 나는 새를 떠올리게 합니다. 자바에도 예쁘고 작은 새가 백 종류씩이나 있습니다. "아저씨, 저건 무슨 새에요?" 후쿠짱이 새를 볼 때마다 물어보는데, 유감스럽게도 아직 나는 이름을 모릅니다. 다음 번에는 잘 알아두렵니다.

(1942년 7월 1일)

(9) 말똥줍기

아저씨가 드르르르 롤러 같은 것을 끌고 갑니다. 느긋하게 천천히 나란히 걷고 있습니다. 후쿠짱은 아무튼 저 롤러 위에 올라타 보겠다고 몹시 서두르며 달려갔습니다만, 옆으로 오자 얼굴을 찌푸리고 "앗, 더러워"라며 뒤로 펄쩍 뛰었습니다. 이 롤러는 길거리 말똥을 빨아들이면서 가는 것이었습니다. 야자나무 줄기로 만들어졌습니다. 이것은 자바 중부 마겔랑이라는 마을에서 본 일입니다.

(1942년 7월 2일)

(10) 파초잎

"자바에서 내리는 저녁 소나기는 엄청나구나." 후쿠짱은 감탄했는데, 시골길에서 이 명물 스콜이 내리면 긴 파초잎을 따서 재빨리 머리에 쓰고 갑니다. 이것만으로도 훌륭한 우산이 됩니다. 파초잎은 여러 가지를 싸는 데에도 사용되고 있으며, 음식을 담거나 작은 잎은 숟가락처럼 사용하며 능숙하게 음식을 먹습니다. 잘 말린 것으로 지붕을 덮거나 잘게 잘라서 끈 대신으로도 씁니다. 상당히 편리합니다.

(1942년 7월 3일)

(11) 술탄

이 근처 옛날 왕과 같은 사람을 '술탄'이라고 합니다. 하지만 지금은 토후라고 부르게 되었습니다. 욕야카르타라는 곳에서 어느 날 이 술탄 일족을 불러 일본 영화를 보여주었습니다. 설화에 나올 듯한 마차를 줄지어 늘어세우고 속속 왔습니다. 붉은 윗옷을 걸친 마부가 신호가 되는 피리를 붑니다. 후쿠짱은 이 동화 속 세계에 정말 기분이 좋아졌습니다. 마지막에는 영화를 본 일족이 몹시도 기뻐하며 일본에 대해 더욱 더 알고 싶다고 소원하였습니다.

(1942년 7월 4일)

(12) 밤의 캄풍

이쪽에는 저녁이 없습니다. 타버릴듯한 태양이 가라앉으면 금방 밤입니다. 십자성을 비롯하여 하늘 가득히 예쁜 별이 반짝반짝 빛납니다. 나는 후쿠짱과 같이 원주민 마을에 나가보았습니다. 촌락을 '캄풍'이라고 합니다. 대나무로 만들어서 돗자리 같은 암페라를 깐 작은 집, 도구라고 하면 겨우 식사를 할 수 있는 것 정도, 이런 가난한 집에 많은 사람이 살고 있는 것입니다. 집에서는 작은 석유램프 불빛이 새어나옵니다. 후쿠짱과 나도 이 작은 불빛을 보면서 어디에서랄 것도 없이 들려오는 슬픈 음색을 한 자바 음악에 귀를 기울였습니다.

(1942년 7월 5일)

(13) 수성(水城)

"지금으로부터 이백 년 정도 옛날 일입니다. 포르투갈 사람이 이 토지의 왕(술탄)을 기쁘게 하려고 수성을 지었습니다. 수성이라고 해도 물로 성을 만든 것은 아닙니다. 두꺼운 돌벽 바깥에 절묘하게 물을 흘려보내서 더위를 가시게 만든 것입니다. 그 무렵으로서는 꽤 훌륭한 것이었을 테지요." 지금은 쓸쓸한 성터를 구경하면서 후쿠짱은 이런 이야기를 들었습니다.

(1942년 7월 7일)

(14) 벼베기

많은 여자들이 작은 낫을 비녀처럼 머리에 꽂고 종종 걸어갑니다. 후쿠짱도 뒤에서 딱 붙어서 갔습니다. 넓은 벼논으로 나갔습니다. 모두들 작은 낫을 머리에서 빼내서 사삭 사삭 벼를 베기 시작했습니다. 일본에서는 지금쯤 모내기로 바쁠 텐데, 이곳은 벼베기에 한창입니다. "우리는 같은 쌀을 먹는 사람들이니 함께 사이좋게 지냅시다." 후쿠짱은 아가씨나 아주머니들을 붙들고 이렇게 말합니다.

(1942년 7월 8일)

(15) 성지

파미자한이라는 산속 마을에 성묘하러 갔습니다. 이 무덤은 대략 오백 년 전에 이슬람교를 이 땅에 전달한 사람의 아들 묘로, 이 섬사람들은 독실하게 신앙하고 있습니다. 문이 있는 곳까지 오면 모자를 벗어야 합니다. 후쿠짱도 각모를 벗고 진

지한 얼굴을 하며 오솔길을 조용히 걸어갔습니다. 매미소리
가 계속해서 들렸습니다. 이윽고 돌이 많은 작은 개울로 왔습
니다. 여기에서 게타 신발을 벗어던지고 손발을 깨끗이 씻고
돌계단을 올라갑니다. 우리는 황군의 무운이 장구하기를 기
원하고 돌아왔습니다.

(1942년 7월 9일)

(16) 자바 사라사

후쿠짱: "아주머니, 뭐 하고 있어요?"

아주머니: "이건 일본 사람들이 사라사(更紗)라고 부르는 천
이에요. 이렇게 무늬를 그리는 거랍니다."

아주머니는 토병의 주둥이 같은 것에서 끈적끈적 흐르는
납(蠟)으로 능숙하게 모양을 그리고, 그것을 염료 속에 담갔다
가 꺼내서 납을 녹였습니다. 그러자 거기에 분명하게 무늬가
생기는 것이었습니다.

후쿠짱: "그걸로 벌써 끝이에요?"

아주머니: "아니에요, 아니에요. 이 과정을 몇십 번이고 되
풀이하는 거랍니다."

후쿠짱: "와, 끈기가 대단하군요."

색의 조합은 다갈색과 짙은 감색이 많은 것 같습니다.

(1942년 7월 10일)

(17) 모기

"이런 빌어먹을." 후쿠짱은 오늘 밤에도 또 모기장 안에서 모기를 정벌하느라 바쁩니다. 침대에는 반드시 '사푸 리디'라고 부르는 대막대기 같은 것이 있어서 자기 전에 모기를 두드려 내쫓게 되어 있습니다.

말할 것도 없이 모기는 말라리아를 전염시키는 증오할 만한 적입니다. 한 마리 떨어질 때마다 "만세." 후쿠짱은 잘도 잡습니다.

"자, 잡시다. 할아버지, 아라쿠마 씨, 모두 잘 자요."

일본 쪽을 향해 평소처럼 인사를 하고 잠들었습니다.

(1942년 7월 11일)

(18) 후지산과 닮은 산

"자바에는 후지산이 많아서 좋아."

후쿠짱이 말하는 것처럼 이 섬에는 어디를 가더라도 후지산의 동생들이 많습니다. 일본 후지산처럼 호에이산(宝永三)[78]을 꼭 닮아 혹을 달고 있는 산도 있습니다. 물론 일본의 후지산처럼 흰 부채를 거꾸로 펼친 듯한 청정한 아름다움은 바랄 수가 없습니다. 그렇지만 보고 있노라면 일본의 일들이 여러 가지로 떠올라 그리운 마음이 듭니다. 지금도 여전히 연기를

....

[78] 1707년 호에이(寶永) 대분화로 탄생한 표고 2,693m의 후지산 최대이자 최신 측(側)화산.

빈번하게 뿜어대고 있는 산도 있어서 먼 옛날의 후지산이 이랬을까 여기게 만듭니다.

(1942년 7월 12일)

(19) 음식장수

자바 사람들은 밖에서 먹는 것을 좋아하는 듯합니다. 시장이나 광장은 물론 마을 한구석이나 촌락 끝자락에는 밥을 먹는 가게가 나와 있습니다. 모두 파초잎에 싼 것을 손으로 들고 먹고 있습니다. 우리도 야자유 등불을 켜고 가서, 고추나 마늘을 갈아 넣은 국물에 간을 한 밥을 먹어보았습니다. 매워서 후쿠짱은 후- 후-, 숨을 뱉어내면서 먹고 있습니다만 "맛없지는 않은데" 하더니 다 먹어버렸습니다.

(1942년 7월 14일)

(20) 소수레

"아저씨, 태워주지 않을래요?" 후쿠짱은 한 대의 소수레로 달려가 졸랐습니다.

"오늘은 바빠서 다음에……" 긴 채찍을 든 수레 위 남자는 싱긋 웃으며 지나가버렸습니다.

"바쁘다고?" 수레는 전혀 서두르는 듯 보이지 않았습니다. 소가 두 마리, 하나의 멍에로 이어져서 덜그럭 덜그럭 소리를 내며 갑니다. 딸랑딸랑 방울을 울리면서. 수레의 지붕은 짙은 빨강이나 파랑색으로 모양이 그려져 있어서 아주 아름답습니다.

(1942년 7월 15일)

(21) 쓰개

"저건 도키와고젠(常磐御前)[79]의 도롱이네." 후쿠짱은 어느 시골길에서 이런 말을 꺼냈습니다. 모두가 그림책에 나오는 우시와카(牛若)를 안고 있는 도키와고젠을 알고 있지요. 이쪽에 그런 도롱이를 쓰고 있는 여자가 있습니다. 정말 그런가 싶어 보니 옛날 병사들이 쓰던 삼각형 모양을 한 전투모와 꼭 닮은 것도 있습니다. 대나무로 짰는데 파랑이나 빨강 페인트로 예쁘게 동그라미를 그려넣은 것도 많습니다. 하지만 가장 많은 것은 '카인 케팔라'라고 해서 천을 머리에 감아 붙인 것입니다.

(1942년 7월 16일)

(22) 아이들의 물건팔이

소리를 높여 물건을 파는 아이가 마을을 걷고 있습니다. "아이스크림이네.""아, 땅콩이다.""저 아이는 아이스캔디로군.""계란을 파는 아이도 있네."

---

79 일본의 전설적 영웅 미나모토노 요시쓰네(源義經=우시와카)의 어머니로 12세기 여인. 남편이 죽자 아이들을 데리고 눈속을 도망쳐 고향으로 향한 장면이나 자식 목숨을 구하기 위해 총명하고 아름다운 그녀가 권력자에게 애원하는 모습 등은 많은 문예물에 그려지고 극화됨.

후쿠짱은 하나하나 파는 물품을 알아보고 갑니다. 셔츠와 팬티 한 장만 입고 거의 벗은 모습으로 열심히 일합니다. 어른들은 별로 일하지 않고 담배연기만 뿜어대고 있는 것에 비하면 이 아이들에게는 상당히 감탄하게 됩니다.

(1942년 7월 17일)

(23) 장난감

이쪽 사람들은 대나무, 야자잎, 파초 껍질 등으로 능숙하게 장난감을 만듭니다. 인형도 있고 새도 있습니다. 무서운 얼굴을 한 가면도 있습니다. 모두 빨강과 파랑의 강렬한 색을 칠한 것입니다. 하나에 1전이나 2전 하는 것들뿐입니다.

"이번에 일본으로 돌아갈 때 선물로 이걸 왕창 사서 갈까?" 후쿠짱은 생각합니다. 하지만 가지고 돌아갈 때까지 망가지지는 않을지 그것도 걱정됩니다.

(1942년 7월 18일)

(24) 발리섬의 벼

발리섬에서는 무논 안 여기저기에 칠석날 장식[80]같은 것이 서 있습니다. 후쿠짱은 "와, 칠석 축제 같아"하며 그리운 모양

----

80 조릿대에 가늘고 긴 종이를 장식하는 칠석의 풍습. 종이의 색은 빨강, 파랑, 노랑, 하양, 검정(보라)의 다섯 색으로 음양오행을 따르며, 이튿날 이 장식을 물에 흘려보냄.

입니다. 야자잎으로 짠 장식물을 매단 대나무를 논의 네 구석
에 세워놓고 공물을 바치고 향을 피우면서 기도를 하고 있습
니다. 쌀을 많이 거둔 것에 대한 감사 인사와 악마를 쫓아내는
기도입니다.

(1942년 7월 19일)

(25) 보로부두르의 불적

여기는 자바섬 중앙에 있는 코코넛 나무로 뒤덮인 고원입
니다. 지금으로부터 천년 정도 옛날에 만들어졌다는 탑이 있
습니다. "돌로 된 산이네." 후쿠짱은 올려다 보았습니다. 탑은
정사각형을 위로 갈수록 점점 작게 아홉 겹으로 쌓아올린 것
입니다. 좀 떨어진 곳에서 바라보면 마치 커다란 왕관 같습니
다. 육층 이상에는 종 모양을 한 것이 있는데, 그 안에 사람보
다도 조금 큰 부처님이 고요히 미소지은 얼굴로 앉아 있습니
다. '보로부두르'란 많은 부처님들이라는 의미입니다.

(1942년 7월 21일)

(26) 왕궁 부속 공장

욕야카르타는 오랜 왕궁이 있는 도시입니다. 지금도 옛날
그대로의 호위병이 있습니다. 단도와 창을 들고 삼엄한 모습
을 하고 있습니다. 후쿠짱은 서슴없이 곁으로 다가가서 "아저
씨, 잠깐 빌려줘요"하더니 긴 창을 들고 비척비척거렸습니다.

왕궁에 부속된 공장을 보았습니다만, 거기에서는 왕궁에서 고
용한 직인들이 금은을 세공하거나 가구를 만들고 있습니다.

(1942년 7월 22일)

－『도쿄아사히신문(東京朝日新聞)』

발리에 관한 두 가지

(1) 자바섬 동쪽 끝 마을인 바뉴왕기에서는 보기 드물게 장마가 내리고 있었다. 쏴하고 왔다가 지나는 스콜이 아니라 가을비처럼 추적추적 계속해서 내리는 비가 자못 항구마을다운 쓸쓸한 모습이었다. 비가 잠시 개인 한때 고기잡이배가 바다로 나간다. 발리섬을 가까이에서 바라보면, 바닷물은 푸르고 투명하게 맑아 십 미터 정도까지는 아름다운 수족관처럼 들여다보였다. 손을 집어넣으면 그 손에 살짝살짝 부딪힐 정도로 다양한 종류, 다양한 색채의 물고기들이 눈이 확 떠질 듯한 빨강이나 파랑, 하다못해 얼룩줄무늬를 지닌 노랑 물고기가 풍부하게 무리지어 유영하고 있다. 고기잡이배도 풍어였을 것이다. 여자들은 기슭에서 배가 돌아오기를 기다린다. 그녀들은 그 생선을 싸게 도매로 받아서 곧바로 소매 행상을 하러 나서는 듯했다. 이 마을에서는 생선 종류를 충분히 먹은 탓인지 주민들의 골격이나 몸짓도 다른 곳에 비해 날쌔고 용감한 기운이 넘쳐 보인다.

(2) 처음 자바에 상륙했을 때 원주민이 우리와 너무 닮은 것에 경탄했는데, 발리섬에 와보니 닮았다는 표현으로는 부족하다는 것을 느꼈다. 그 살갗이나 용모가 단정한 점, 검은 눈의 움직임으로, 아니 명백하게 혈맥 상으로 같다는 그 서글플 정도의 친근감이 한눈에 훅 다가오는 것이다. 세계적으로 유명하듯 이곳 여인들은 실로 매력이 있었다. 나체로 다니는 풍만한 아름다움도 있지만, 앞에서 말한 친근감 탓에 우리에게는 더더욱 고향 여인들 곁으로 돌아간 느낌이 들었다. 주민들도 완전히 새롭게 황민이 되었다는 자각을 가지고 있는 것처럼 보였다. 일본어도 몹시 빠르게 기억하고 너무 유창하게 일상 회화를 구사하니, 이곳 토속어와 우리 일본어에 무언가 공통되는 점이 있는 것은 아닌지 의심이 들 정도이다. 아이들은 '봄이 왔노라, 봄이 왔노라'라고 노래부르며 〈애국행진곡〉을 합창한다. 며칠 전에는 학동들이 일본어로 황군을 위문하는 학예회를 열었다고 한다.

－『우나바라(うなばら)』 1942년 7월 12일.

아내에게 보내는 편지

하나

도중에 여러 일들이 있었지만 결국 자바 근처까지 왔소. 내일 아침에는 이른 새벽 전에 상륙을 감행하오. 3월 1일이구려. 적의 저항이 꽤 격렬하여 상황이 결코 좋다고는 할 수 없지만 강행하기로 결정되었다오. 적도를 넘는 오랜 항해의 더위에도 굴하지 않고 나는 유유하고 건강하게 지내니 안심하오. 그나저나 시커멓게 타고 말았소.

상륙은 반텐만 ○○ 부근이라오. 그러니 당신이 이 편지를 손에 넣을 때쯤에는 슬란이라는 마을을 공격하고 바타비아에 도달한 다음 더 나아가 반둥이라는 곳으로 들어가 있을 거요. 지도를 참조해서 아이들에게 설명해 주구려. 그 무렵이 되면 이쪽 통신 장소도 분명해질 것이오.

○○척의 당당한 대선단이라오. 남쪽 바다는 온화하고 달은 정말 밝소. 선창 안은 무더워서 매일 밤 갑판에 늦게까지 나와 있는데, 도쿄를 출발한 이후의 일을 돌아보니 거짓말처럼 달과 해가 빨리도 뜨고 지는구려. 잠수함의 습격, 공습 같은 일도 있었지만 그리 큰

공포감은 없었기 때문에, 오히려 그 정도 자극이 무료함을 일깨워주는 정도였소. 엄청난 가다랑어떼, 돌고래, 바다뱀, 바다를 노랗게 물들일 만큼 어마어마하게 떠다니는 전갱이 알의 무리. 어떨 때는 여기가 아니면 볼 수 없는 남십자성 같은 것도 보게 된다오. 이 별에 대해서는 플라네타륨 설명에서 들어 아이들도 알 거요. 그 사이를 ○○척의 호위함이 지나는 모습은 정말 대단한 장관이라오. 비행기도 내내 경계를 하고 있소.

많은 사람들에게 연락을 하고 싶지만 그럴 자유는 없다오. 조만간 또 천천히 편지 쓰리다.

둘

오랜만에 연락을 할 수 있게 되었소. 이쪽 일은 이미 여러 이야기를 들었을 거라 생각하오. 나는 다행히 아무런 장애도 없이 건강하게 지내고 있으니 안심하구려. 아이들은 어떻게 지낼지 궁금하오.

상륙해서 딱 한 달 반 째 되는 오늘, 이동하게 되어 그 준비로 너무 바쁜 바람에 이 엽서조차 간신히 쓰고 있소. 재미있는 수확이 있으리라 기대한다오. 친구 제군들에게는 당분간 소식을 전하지 못할지 모르는데, 당신이 내 소식을 잘 전해 주었으면 하오. 이제 슬슬 일본도 꽃철을 지나겠구려. 다들 잘 지내고 있기를.

셋

오랫동안 연락을 못 했는데 모두 잘 지내고 있으리라 생각하오. 18일 공습이 있었다는 말을 듣고 여러 모로 걱정이 되는데, 물론 무사하리라 믿고 있소. 아이들도 아프지 않도록 잘 부탁하오. 내 소식은 신문을 통해 보고 있겠구려.

3월 1일 오전 ○시 반텐만에 상륙한 이후 고생은 좀 했지만 무엇보다 건강하니 안심하오. 적 앞에 상륙할 때는 이쪽 배들이 세 척이나 공격당할 만큼 격렬한 해전이어서 대포나 폭탄, 어뢰를 잠행시켜 겨우 뭍으로 오를 수 있었다오.

4월 초까지 반둥 시에 있었는데, 한 번 바타비아로 되돌아갔다가 그 다음 자바섬 전체를 순회하게 되었고, 지금은 욕야카르타 시라는 중부 자바의 도시에 와 있소. 여기는 아직 왕이 있는 곳이라 오늘 궁성에 갔었고, 또 왕들을 초대해서 영화회를 개최하기도 했다오. 마치 옛날 동화처럼 왕과 그 일족이 마차를 타고 영화관으로 온 모습이나, 사람들이 땅에 엎드려 합장하는 모습은 근대에는 볼 수 없는 풍경이라오. 지금부터 자바섬을 2개월 예정으로 돌아보려 하오. 가급적 많이 욕심껏 스스로 얻어가고 싶소. 자바는 언제나 여름이지만, 그래도 정말 좋은 섬이라오. 사람들도 일본인과 아주 닮았고, 언어에도 공통점이 있소.

지금까지 거쳐온 경로가 다음과 같으니 지도를 보고 아이들에게 알려주구려.

반텐만 ○○곶의 남쪽으로 상륙해서 거기에서 하루 종일 행군하여 스루단이라는 마을→(이 도중에 심한 비행기의 기관총 소사를 받았소)슬란→페티르→파메루라얀→랑카스비퉁→레우윌리앙→부이텐조르그→바타비아→반둥.

이번 길은 4월 15일에 바타비아를 출발해서→갈루→타시끄말라야→뿌르와카르타→마겔랑→욕야카르타, 이제부터는 역시 왕이 존재하는 솔로라는 데로 가서 수라바야에서 발리라는 섬까지 가게 되오. 돌아오는 길은 북쪽 바닷가를 쭉 통해올 예정이라오.

전쟁 중에는 엄청난 행장을 하고 걸어다녔지만, 요즘은 반바지라는 실로 하이칼라 복장을 하고 있다오. 도쿄의 모두에게 보여주고 싶을 정도라오. 이런 상태라면 귀국할 무렵에는 상당히 하이칼라가 되어 있을 것 같소. 다시 젊어진 듯 건강하오. 일행 중에는 요코야마 류이치(橫山隆一)[81] 군도 있소. 병사들이 있는 곳에서 '후쿠짱'을 그렸더니 모두 갈채를 보내며 환영했다오.

어차피 바타비아에 6월 중순이나 지나서 돌아가니, 답신은 엽서가 도착하고 난 다음에 답장을 써 보내주겠소? 수신인 이름을 가능하면 모두에게 알려주시오. 그때는 많은 사람들에게서 직접 편지를 받고 싶구려.

－『문예(文芸)』 1942년 7월.

----

81 요코야마 류이치(橫山隆一, 1909-2001). 만화가. 1930년대부터 만화의 지위 향상을 견인하였고, 〈후쿠짱〉으로 대표되는 귀여운 그림과 담담한 터치로 오랫동안 인기를 구가함.

'계민문화지도'에서 느낀 것

　계민문화지도라는 기관이 설립된 이상, 결전 상태의 자바 예능인들의 여간 아닌 각오나 결의를 반영하며 당연히 해야 할 의무가 전제되어 있다. 결국 '무엇을 해야 하는가'라는 예능인들의 외면할 수 없는 양심과 필요성이 군정감부의 방침과 일치를 본 것이며, 그랬기 때문에 일의 기획이 자연스럽게 결정되었다. 나는 거기에서 지도자라는 큰 임무를 위탁받았는데, 미력한 내가 할 수 있느냐 없느냐를 생각하기보다 그저 노력할 뿐이고 결과를 기다릴 따름이다.

　동양 역사의 빛나는 약진기는 문학자들의 정열을 불러일으키고 여태껏 들어박혀 있던 서재에서 바깥세상으로 내몰았다. 말하자면 문학자 자격으로 공인 입장에 서게 되는 일이 증가한 것이다. 어차피 그만두려야 그만둘 수 없는 일이니, 다시 서재로 돌아가라는 식의 말은 현실적이지 않다. 다만 서재의 안과 밖을 통일하고, 하나로 삼으며, 다르지 않다고 보는 침착한 생각을 확고하게 가지고 있지 못하면, 그야말로 헛되이 역사 밖으로 떠밀려 흘러갈 뿐이고, 마침내는 진정한 문학자로서의 근본을 상실하지 않겠는가? 나는 자바의 문학자들이 아주 화려한 외면 활동에 몰두하는 것을 좋아하는 면이 꽤 있는 것을 보고, 자타 모두 경계해야 한다고 생각한다. 서재 안에서 반동적으로 밖으로 뛰쳐나간다는 것이 아니라, 종래의 관념적인 서재 안과 밖의 울타리가 문학자의 심정과 업무 상 사라져야 하며, 그럴 필요가 있다는 말이다.

다음으로 문학부의 다양한 계획들은 가능한 한 새롭고 젊은 문학자를 중심으로 진행하고자 한다. 기성 문학자들 중에 식견이나 수완을 모두 갖춘 대가가 있는데 그들을 무시하는 말은 아니다. 그러한 사람들의 가치를 충분히 인식하고 물론 그들 활동에도 기대를 걸지만, 더 욕심을 내서 대동아전쟁과 함께 태어난 문학자, 대아시아를 일으킬 성전의 정신을 모조리 구현하는 새 문학자들의 잇따른 등장을 기다리고자 함이다. 구시대의 영향 같은 것은 티끌만큼도 몸에 지니지 않고, 갓 태어난 아기처럼 무구한 젊은 세대의 총아들이 나타나야만 한다. 그것은 또한 옛 네덜란드 정책에서 발생한 자바의 문화적 보스를 배제하는 것이기도 하다.

이렇게 쓰기 시작하니 끝이 없다. 이상이 내 소감의 일부다.

－『자바 바루(ジャワ·バルー)』 1943년 5월 1일.

우리 신 자바

보라, 창건의 정열을 — 신문화에 거는 기대

【○○기지 발】

　자바의 정신문화는 착착 진행되는 건설과 보조를 맞추어 견실하게 성장하고 있다. 식민지 문화가 의례 그렇듯 오랜 지배자였던 네덜란드 스스로가 문화적으로 지도를 할 수 있는 실력을 가지고 있지 않았던 까닭에, 힌두문화의 의발(衣鉢)을 계승한 인도네시아 문화가 오랫동안 제자리걸음을 했다고 볼 수 있지만, 지금 대동아 이념에 눈을 뜬 그들이 앙양된 정신과 오랜 질곡에서 해방된 기쁨을 가슴 속에 들끓으면서, 온갖 방면의 건설적 노력과 맞물려 새로운 문화 창건에 굳건한 정열을 기울이고 있다는 것은 아주 흐뭇하고 바람직한 일이다.

　지금의 나에게 자바에 관하여 무언가를 쓸 용기는 아직 없다. 1년 남짓 자바에서 생활하면서 자바를 알면 알수록 지금까지 책이나 다른 것을 통해 알게 된 지식이 터무니없거나, 혹은 처음에 느꼈던 것이 점차 변해가기도 했으므로 더 공부할 필요성을 느끼게 된다. 예를 들어 자바에서는 황혼이 없다고 말하는 사람들이 있다. 하지만 나는 자카르타의 간빌 광장에서 본 그 황혼의 아름다움은 그림보다 더한 그림 같았다. 또한 회교에 의해 규제되고 있는 원주민들 생활 습관에도 세세하지만 더 연구하고 이해해야 할 것들이 많다. 내가 일상적으로 접한 인도네시아 문화인들의 인정도 잊을 수 없으며, 다른 외지에 대해서는 거의 잘 모르지만 자바가 가진 인상은 더 나중이 아니면 말할 자신이 없다. 그저 새로운 자바의 문화가 쑥쑥 올바르게 성장하기를 기원할 따름이다.

－『자바 신문(ジャワ新聞)』1943년 11월 18일.

남쪽의 아름다운 계절(상)

  자바 평정 이후 첫 번째 천장절은 내가 출장 중이던 욕야카르타에서 맞았다. 약 2개월 예정으로 섬 전체를 돌아보게 되어 4월 15일, 아직 바타비아라는 구칭으로 불리던 지금의 자카르타를 출발하여 각지를 거쳐 이 오래된 토후(술탄)의 고장에 와 있다. 유명한 보로부두르의 거대한 불적이나 수성(타만사리)을 촬영하고, 경비하는 병사들, 토후, 원주민들을 위해 영화회를 열기도 하면서 여기에서 체재한 지 벌써 5일째가되었다.

  낮 동안에는 멀리 촬영을 나가고 밤에는 영사회를 열었는데, 병사들을 위한 극영화 외에 원주민들에게는 일본을 소개하는, 예를 들어 〈우리 육군의 정예〉, 〈일본의 해군〉, 〈도쿄의 대공업〉, 〈일하는 여성들〉과 같은 이른바 문화영화를 보여주었다.

  여기에서 영화에 관한 이야기를 하는 것은 옆으로 새는 주제지만, 원주민들이 그런 영화를 얼마나 보고 싶어 하는지 그열의는 형용할 길이 없을 정도였다.

...... ◎ ......

　몇 리나 떨어진 촌락(캄퐁)에서 소문을 듣고 모여들었다가 밤새 걸어서 돌아간다. 끝나도 여전히 속속 찾아오므로 심야가 되도록 몇 번이나 반복해서 틀어야 했다. 그래도 여전히 새로운 관람층의 방문이 끊이지를 않았다. 이제 오늘 밤은 더 영화를 틀지 못한다고 하면 회장 밖에서 드러누워 자면서 내일을 기다리겠다고 답한다.

　이튿날에는 정말로 그 지역을 떠나야 하는데 어쩔 수 없이 그들의 열의에 이끌려 하루 더 머물게 된 경우마저 있었다. 결국 원주민들이 어떻게든 일본을 알고 싶어 하는 소박한 열정에 지고 말았기 때문이다.

...... ◎ ......

　욕야카르타도 그 예에서 벗어나지 않았다. 그리고 영화회 개최가 천장절 봉축 행사와 결부되어 열린 것은 말할 필요도 없다. 토후 같은 사람들도 왕족 귀족과 함께 특별히 관람했는데, 조금이나마 접하게 된 일본의 실정에 감동을 금할 수 없는 듯 보였다. 이전에는 네덜란드령 동인도 당국의 방해에 의해 일본에 대해서는 눈이 가려졌던 것이다.

　영화에 의해 비로소 일본에서 항공기나 자동차, 군함이나 기선이 생산된다는 사실을 알고 모두 깜짝 놀랐을 정도다. 그런 것은 전부 미국에서나 이루어지는 것이라고만 생각했던 모양이다. 그렇게 적이 선전하는 내용을 믿었던 것이다. 왕족 중 한 사람은 곧바로 도쿄로 유학을 가고 싶다고 했다.

…… ◎ ……

보로부두르 유적을 촬영하러 왕복할 때는, 그 므라피 화산의 분연을 바라보는 마겔랑 거리에서 시장(파사르) 사이를 개미처럼 오가는 원주민들이 저마다 손에 무언가를 감은 대나무를 하나씩 들고 있는 것을 알아차렸다.

너무 소중한 듯 들고 있는 그것이 무엇일지 의문스러웠다. 그런데 그것이 종이로 된 일장기라는 사실을 금방 알게 되었다. 그들 입장에서 처음 겪는 천장절을 축하하기 위한 것이었다.

남쪽의 아름다운 계절(하)

아마 빈틈없는 장사치인 화교들이 팔았던 것이겠지만, 원주민들은 그 종이 일장기를 손에 들고 대단히 밝은 표정들이다. 일장기의 둥근 해(마타 하리)는 올바른 규격이 비율로 크지도 않고 작지도 않다. 그런데 황군의 진격을 기뻐 맞이하던 무렵의 그들은, 일장기의 흰 바탕과 빨강의 비율을 잘 몰라서 이상하게 점처럼 작은 붉은 원도 있고, 터무니없게 커서 겨우 네 귀퉁이에 흰 곳이 조금씩만 남은 경우도 있었다.

그러나 이번에는 다르다. 일본의 국기를 본 적도 없던 그들이 이미 그 모양을 충분히 잘 알고 있었다. 풀숲 무성한 중부 자바의 야자잎으로 된 지붕, 낡은 대나무 벽으로 된 농민들 집의 기울어진 처마 끝에서, 솟아오르는 아침 해 일장기가 천장절 아침햇살에 펄럭이는 모습을 떠올리며 우리는 감개무량했다.

······ ◎ ······

28일 밤에는 욕야카르타 군정부 바깥쪽 현관이 봉축의 일루미네이션으로 장식되었다. 밝은 마음이 원주민의 마음에 반영되었고 그 마을도 늦은 밤까지 북적였다. 드디어 경하스러운 날이 왔다. 우리는 요배식을 마치고 밖으로 나섰다. 봉축의 깃발과 글자로 뒤덮인 대로에도 인파가 엄청나서, 마차(안동)나 자동차도 다니기 어려웠다.

경비대의 행진이 있거나 군정부로 토후가 인사를 하러 들어가거나, 아동들의 행렬이 지나가서 그것을 구경하려고 온 옷을 잘 차려입은 군중들이었다. 우리가 군정부 건물 안으로 들어가기 곤란할 정도로 그 철책은 그들이 새까맣게 차지하고 있었다.

...... ◎ ......

토후는 예의 카인을 두르고 단도(쿠리스)를 허리에 꽂은 정장 차림으로 황금색 우산을 받쳐진 상태로 차에서 내렸다. 안쪽 공간에서 장관에게 경하의 뜻을 표한 후, 현관에서 봉축 단체의 인사를 받았다. 장관과 토후는 단정히 서서 잇따라 입장해 오는 그들을 맞이했다. 사립소학교 아동의 행렬이 한바탕 이어졌다. 자바 말로 축사를 낭독하고 천황의 성수(聖壽)를 기원하는 만세를 크게 외쳤다. 그리고 이미 능숙하게 부를 수 있는 〈애국행진곡〉을 부르며 퇴장한다.

근처 젊은이들의 단체는 주악대를 선두로 하고 있었는데,

일본의 용맹한 군가라고 착각한 몇몇이 〈수도 서북쪽(都の西北)〉이라는 와세다대학(早稻田大學)의 교가를 시작했다. 하지만 그들 표정은 어디까지나 엄숙했고 성심을 담은 것이었다.

······ ◎ ······

가련하기 짝없는 고아수용소 아이들이 똑같이 갖춘 옷을 입고 깃발을 열심히 흔들며 용감하게 걸어왔다. 황민화가 여기에까지 이르렀다는 감동이 있을 수밖에 없는 광경이었다. 화교총회의 길고 긴 축사와 과장된 선서도 요란했다.

아직 행렬이 이어지고 있었지만, 우리는 수라카르타로 출발해야 하므로 그날 밤 행사는 볼 수가 없었으며, 그곳을 나와 인파 속으로 나섰다.

－『도쿄신문(東京新聞)』 1944년 4월 28일, 29일.

출판 통제의 혼란과 책의 범람

만연하는 실리주의·물질주의

편집자의 과제인 '창조와 발표' 같은 것은 추상적으로는 문제가 될 수 없다. 이것이 문학에 관한 것이라 해도, 내 경우는 일반적인 문제로 생각할 필요성을 느끼지 못한다. 현실 사태를 해결하는 데에 아무런 의미가 없기 때문이다.

출판 통제에 관해서는 오랫동안 이야기되었다. 사상전을 충분히 싸워내기 위해 통제에 대한 요구는 꽤 이전부터 누구나 느끼고 있었다. 우리도 자주 입에 올렸다. 그런데 먼 곳에서 돌아와 보고 그것이 눈꼽만큼도 진척되지 않은 것에 놀랐다. 적어도 표면적으로는 혼란을 겪는 듯조차 보이는 게 유감이다.

대동아전쟁 이전에 이야기되던 통제란 그 말이 가지는 진정한 의미였다. 극단적으로 말해서 물자가 있으니 어떻다는 둥, 없으니 어떻다는 둥의 째째한 이야기가 아니다. 즉 용지가 남아돌 만큼 있어도, 있으면 있을수록 출판 통제는 절대적으로 실시되어야 했다. 의외로 이러한 근본적 측면을 망각한 것이라 여겨진다. 내가 잘못 생각하는 것이기를 바란다.

용지의 부족을 계기로 기업을 정비했는데, 생각해 보면 대대적인 출판 통제가 가능하다면 우리는 아무 할 말이 없다. 기업 정비에 대해서는 원래부터 대찬성이지만, 거기에 일관된 정신이 있으면 좋겠다. 단순히 큰 출판사가 남고 작은 출판사들을 복닥복닥 모아놓기만 하는 것이면 이 바쁜 시기에 크게 소란 부릴 만한 조치도 아닐 것이다. 잡지의 통합, 폐합도 마찬가지다.

책이 적다, 적다 하지만 정말인지 아닌지 막상 서점에 가보면 너무 많다 싶을 정도이다. 급히 만들어낸, 일본인의 지적 수준을 무시한 책이 범람하는 것을 보면, 이래도 종이가 없다는 말인가 싶어 묘한 기분이 든다. 아깝다. 정말 너무 아깝다. 이 정도 용지가 있다면 원하는 국민에게 더 필요한 것을 제공할 수 있다. 이 점은 신문이든 방송이든 그러하다. 어째서 그렇게 위대한 무기를 활용하지 않는 것인지 묻고 싶다. 무미건조하고 딱 정해진 뻔한 문구로 쓰인 기사의 나열, 살아 있는 마음이 통하지 않는 방송, (건성으로 만든 연예도 그렇지만 특히 강연은 너무 심하다. 입으로 내뱉는 말이 현실에서 전쟁을 의식하고 있는 인간의 말로는 받아들여지지가 않는다) 모두 더욱 풍부해질 수 있지 않을까? 미증유의 국난을 통해 미증유의 대발전을 이루려 하는 빛나는 민족의 호흡은, 그렇게 저속하고 소극적인 것일 수 없다.

당사자들이 전시 하의 책임과 식견과 양심을 자각할 것을 기대한다. 당사자란 출판업자든 필자든 그것을 감독하는 측까지 포함한 뜻이다. 그것이 곧 출판 통제와 통하는 것이다. 그리고 통제는 더욱 순수하게 강화되어야 한다.

오늘날 세상 사람들을 해치는 독가스처럼 마을에 범람하는 많은 출판물들이 그 모습을 감추기를 요구한다. 그 중 가장 현저한 것은, 대동아전쟁을 성스러운 의의에서 파악하지 않고 자원의 획득을 운운하는 싸움으로만 이해하는 저술(빨간책[82]과 유사한 것)들이다. 낙후된 서양식 식민지 의식과 물질주의가 아직 대대적으로 살아 숨쉬는 이러한 읽을거리는, 특히 아동용 간행물 중에서 많이 보인다. 때로는 과학물의 가면까지 쓰고 있기에 더 난감하다.

전혀 현실적 접점이 없는 개념적 설교서도 적지 않다. 국민들의 의식은 훨씬 저 앞으로 나아가고 있는데, 이자들은 말도 안 되는 우쭐함과 보복심을 가지고 독자들을 질타하려고 한다. 자기들의 전쟁 생활에 대한 인식이 부족한 것을 폭로하는 것인 줄도 모르고 있는 모양새니 우스꽝스럽다. 실리도 없고 이득도 없을 텐데 시간과 종이, 그야말로 엄청난 종이의 낭비일 뿐더러 지금 이 순간 눈뜨고 볼 수 없는 것이 된다. 읽으면 곧바로 쓸모가 있을 만한 말과 문장을 나열한 읽을거리도 그 다음으로 손꼽힐 것이다. 증산(增産)이라고 하면 그것을 격려하는 듯한 문장, 전의의 고양이라고 하면 생생한 그 글자가

....
82 빨강 표지의 어린이용 이야기책이나 저속한 싸구려 이야기책을 의미.

피와 살에 의해 뒷받침되지 않고 감정적으로 노출된 읽을거리가 지금 긴급하냐 아니냐 말이다. 표어를 평면적으로 해석한 그 유형화된 기술이 그대로 국민의 격려가 된다면, 정치든 사상전이든 참으로 허술한 것이다. 금방 쓸모가 있을 듯 보이는 것이 금방 쓸모 없어진다는 사실은 내가 예전부터 주장하는 바다. 이런 책의 출판은 급하지 않은 정도가 아니라 어느 시대라도 불필요하다. 언어의 혼백을 짓밟고 우리 국어의 생생한 마음을 이해하지 못하며 국민 정신을 천박하게 만들려는 기도야말로 적발되고 억압되어야 한다.

또한 통제해야 하는 출판물에도 여러 가지가 있다. 대체적인 종류가 천박한 실리주의, 잠시 눈속임을 하는 물질주의에서 나온 것이 특징이다. 위엄과 더불어 점차 이러한 통제가 강화되고, 출판계가 자각적으로 일본인의 것이 되는 날을 기다리고자 한다.

그러나 이러한 강화가 표현이나 발표를 제약하고 답답하게 만드는 것은 결코 아니다. 제약이나 답답함을 느낀다는 것은 전쟁에 대한 방관적 태도를 가지고 있기 때문이며, '전쟁의 길' 밖으로 일탈하기 때문은 아닌가? '전쟁의 길' 안에 정확히 주체적으로 몸을 위치시키는 한, 길은 최대한 넓어질 것이고 앞에서 말한 것처럼 풍부하고 높은 것을 내포함을 알 수 있다. 올바른 발상과 발표는 무한할 터이다.

문학보국회(文學報國會)[83]에서는 회원의 전업 문제를 회의한다고 들었다. 허위 보도였을 것이다. 전업을 할 수 있을 정도밖에 자각이 없는 문학자 모임이라면 방법이 없다. 문학을 천직이라 생각지 않고 단순히 직업이자 상업으로 삼던 어정쩡한 모리배들이, 시대의 압력에 의해 청소되는 것은 기꺼운 현상이지만, 그런 것은 문학보국회에서 생각해야 할 일이 아니었다. 결국 작품을 발표하지 못하게 되었다고 운운하는 것만으로 전락해 버릴 정도의 인간이라면, 문학이든 전쟁이든 제대로 파악하지 못한 것이라 본다.

이야기하는 김에 더 말하자면 이 치열한 전쟁의 시국 하에서 펜을 버리겠다는, 일견 너무도 비장한 애국심을 띤 말도 들린다. 그렇게 간편하게 펜을 버릴 수 있는 정신의 소유자라면 펜을 버려봤자 아무 일에도 봉사하지 못할 것이다. 지금은 나와 남 모두가 전쟁의 길을 올바로 활보하려는 각오를 키웠으면 한다.

생각한 바를 모두 표현할 수는 없지만, 이상으로 간단히 긴 역사를 갖는 『제국대학신문』[84] 휴간호 편집자에게 답하는 바이다.

─『제국대학신문(帝國大學新聞)』 1944년 5월 1일.

....

83 1942년 내각정보국의 지도로 결성된 일본 문학자들의 단체. 문학을 통해 국책을 선전하고 전쟁에 협력하는 것을 목적으로 하였으며 1945년 해산.

84 1920년 12월 25일부터 간행된 학생신문. 도쿄제국대학 학생들이 중심이 된 동인조직. 점차 지식인과 학생들을 위한 교양신문으로 성격이 바뀌었고 전시에는 저항적 성격도 띰. 1944년 5월 1일 발행을 끝으로 휴간하고 『대학신문』을 거쳐 『도쿄대학신문』으로 개제(改題).

자바에서 본 『야쿠모(八雲)』[85]

　자바 평정의 해도 저물어가고 자카르타의 군대 매점에 새
롭게 도서부가 개설되어 일본 책이 들어오게 되었다. 이 소문
이 전해졌을 때 우리의 기쁨은 충분히 상상하고도 남을 것이
다. 말 그대로 아이가 손가락을 꼽으며 설날을 기다리는 심정
으로 그곳 앞을 지날 때마다 벌써 책이 입하되었는지 아닌지
모두 이야기를 나누었다. 저 멀리 겹겹의 바닷길을 건너 수많
은 어려움과 위험을 겪으며 오는 책에 대해, 기대의 눈물이
북받쳐 오르는 기분이 드는 것은 모두 마찬가지였다.

　드디어 그날이 오자 매점(토코) 안은 일찌감치 병사들로 새
카맣게 붐볐다. 서둘러 달려간 나도 무언가 늦었다 싶은 느낌
에 초조해하며 그들을 밀치듯이 해서 서가 앞에 섰다. 오랜만
에 맛보는 신간의 냄새다. 하나하나 나중에 차분히 보기로 하
고, 급한대로 책등의 글자만이라도 보자며 서둘러 돌아다녔

---

85 1944년에 고야마서점(小山書店)에서 간행한 가와바타 야스나리를 비롯한
유명 작가들의 소설, 희곡, 평론, 수필 작품집. 제1집과 제2집은 「소설·희곡
편 1·2」 제3집은 「평론·수필 편」.

다. 허기진 배가 음식을 씹지도 않고 한꺼번에 삼켜 내리는 것과 비슷한 탐심이었다. 그러다 어느 장소에서 나는 우뚝 서 버렸다. 『야쿠모(八雲)』가 있었다. 그 제1집이 사토미(里見) 선생님[86]의 『팔첩기(八疊記)』, 『대표작전집(代表作全集)』 제8권과 같이 이제 겨우 두 부밖에 남아 있지 않았지만 분명 진열되어 있었다. 생각지도 못한 발견에 화들짝 놀라 손을 뻗으려 했는데, 바로 옆에서도 방서복을 입고 햇볕에 그을린 팔이 뻗어나오더니 한 부를 뽑아내는 것이었다. 그 병사는 목차를 잠깐 보더니 대금 지불소 쪽으로 갔기 때문에 마지막 한 권은 무조건 내가 입수해야 했다. 앞서 다른 두 권과 함께 이곳 남반구의 섬에서 어떻게 되었을지 남몰래 걱정하던 『야쿠모』가 훌륭하게 완성된 것을 직접 눈으로 보고, 나는 과잉된 감정에 가슴이 뜨거워졌다.

『야쿠모』 창간은 1941년 봄부터 이야기가 있었는데, 오랫동안 그 이야기를 다듬고 다듬은 끝에 가을 들어 마침내 모든 준비와 마음가짐이 정비되어 이제 구체적으로 작업에 옮기려던 순간, 나는 징출되었던 것이다. 내가 가장 젊었기 때문에 최소한 편집 잡무에서만이라도 내 미력한 힘을 보태고 싶다고

----

[86] 사토미 돈(里見弴, 1888-1983). 소설가. 소설가 아리시마 다케오(有島武郎), 화가 아리시마 이쿠마(有島生馬)와 형제. 도쿄제국대학 영문과 중퇴. 1910년 『시라카바(白樺)』 창간에 참여했고 이후 단편소설의 명수로 활약. 주의 주장보다 인간 매력을 살린 기교적 작품에 힘썼으며 전시 하에서도 자유로운 입장을 견지하여 이채를 띰.

혼자 긴장하고 있던 바로 그 시기였다. 여러 선생님들에게 차분히 작별 인사를 할 새도 없이 출발해야 했고, 이후로 매번 생각이 났으며, 실제 편집 업무에 전혀 도움이 되지 못했던 것을 정말 죄송스럽게 생각하고 있었다. 그래서 처음 보는 『야쿠모』 제1집이 고맙고 기뻤으며 감개무량했다.

제2집도 자카르타에서 봤다. 그리고 이번에 돌아와 보니 벌써 제3집이 나와 있었다. 이번에도 나는 아무런 도움이 되지 못했다. 부재중이면서 괜스레 편집동인에 이름을 올려도 과연 괜찮은가 싶어서, 이것은 사토미 선생님의 『대표작전집』도 마찬가지이지만, 고야마서점(小山書店) 주인에게 내 마음을 전하려고 한 적도 있다. 하지만 다음 집부터는 『야쿠모』에 실질적으로 종사하여 역사적 시대의 큰 문학을 위해 조금이라도 헌신하고 싶다.

이상은 개인 사정이라 송구할 따름이다.

이야기가 나온 김에 말하자면 모처럼 대망하던, 엄청난 고심 끝에 자바에 보내진 도서 중에 병사들의 흥미를 끌지 못하는 책이 상당 부분 차지하고 있다는 것은 유감이었다. 병사들에게는 저속한 읽을거리나 어울린다고 말하는 듯한, 그들을 바보 취급하는 사고방식은 이제 어디에도 없으리라 생각하지만, 그들도 역시 왠지 무시당한 것처럼 받아들이는 모양이다. 이제 일본에는 이렇게 품위 없고 형편없는 책밖에 없는 것이냐며, 그런 뜻으로 걱정하는 병사도 있었다.

병사를 무시해서 보내진 통속소설, 오락잡지 대부분은, 이쪽에서 병사들에게 오히려 외면당했고 시간이 아무리 지난들 군대 매점 서가에 방치되어 있었다. 두 번, 세 번 새 책들이 입하가 된 다음에도 그런 책들은 변함없이 하얀 먼지를 뒤집어쓰고 같은 부수를 유지하고 있었다.

－『야쿠모 잡기(八雲雜記)』 제3호, 『야쿠모(八雲)』 제3집 부록,
1944년 7월, 고야마서점(小山書店)

어떤 부인

"그렇지 않겠어요?"

이 질문에 나는 답변하기가 어려웠다. 좀처럼 해결이 안 될 것 같았다.

굳이 말하자면 나는 그 여인을 별로 좋아하지 않았다. 하지만 무엇보다 일본인이고, 인도네시아어와 네덜란드어를 모두 잘하니 그게 편하다는 점에서 이 사무소로 오게 된 것이다. 쓸데없는 얘기까지 덧붙이자면, 그녀가 나도 한 때 살았던 혼고(本鄉) 출신이라고 해서, 왠지 본 기억이 있는 듯도 싶어 살짝 옛 생각이 난 것도 사실이다. 그녀 쪽에서는 통역 대신으로라도 써달라며 겸손한 태도로 찾아왔지만, 사실은 더 약삭빠른 꿍꿍이가 있을 것이고 그 점이 여자다웠으며, 여자니까 아마 허가가 날 것이라는 사실을 처음부터 노리고 덤벼들은 본심이 숨어 있는 것은 아닌가 해서 나는 조심했다.

첫째, 예수교도라며 어딘가 우월감을 느끼고 있는 듯한 표정이 신경에 거슬렸다. 서양사람 같이 과장된 억양의 말투나 손짓, 몸짓도 조신한 일본 여성답지가 않다.

더 젊었을 무렵에는 꽤 미인이었을 것이다. 아니, 지금도 전쟁 때문에 겪은 고생으로 단박에 늙어버린 듯 까칠해졌지만 충분히 아름다웠다. 선대 덴카쓰(天勝)[87]와 닮은 얼굴도 훌륭하지만, 체구는 다부지고 하얀 피부도 매끈하니 기름기가 올라 있다. 그러나 일본의 예의법도를 잊었지만, 혹은 잊었기 때문에 괜스레 그것에 구애되어 과도하게 정중한 측면이 있었다. 말투부터 그랬다. 그래서 병사들에게는 "서양 사람처럼 높은 데 계시는구만"하는 말을 듣게 되었다. 우리 입장에서도 다분히 알고 지내기 어려운 점이 있었다.

―― 처음 우리 부대가 이 지역에 들어왔을 때, 이런 곳에 일본인이 한 사람이라도 있을 줄은 꿈에도 생각지 않았다. 12월 8일 아침, 모두 잡혀서 호주나 인도로 보내졌을 터였기 때문이다. 그런데 우리 앞에 나타난 것이 그녀였다. 대장을 만나고 싶다며 또박또박한 일본어로 말해서 모두가 깜짝 놀랐다. '엇'하고 놀라 그 서양 여자를 다시 보았던 것이다. 서양 여자가 아니었다. 머리카락과 눈동자도 까만 제대로 된 일본인이었다. 결점을 말하자면, 솜털이 난 얼굴 색에는 우리와 다른 피가 흐르는 듯한 느낌이 들었다. 반가운 까만 눈동자였지만, 동작 방식이 달랐다.

....

87 쇼쿄쿠사이 덴카쓰(松旭齋天勝, 1886-1944). 메이지에서 쇼와 전기까지 활동한 기예가. 미모와 재기로 인기가 높았으며 1935년 은퇴하고 조카딸이 덴카쓰 2대의 이름을 이어 받음.

내가 응대에 나섰다.

자신은 이러이러한 사람이라며 그녀는 열심히 스스로의 신분을 설명하기 시작했다. 조금 주름이 있는 이마에 땀이 많이 배었고, 흐트러진 앞머리칼이 이마에 붙어 있었다. 한동안 혼자서 계속 떠들어댔다. 실제로 그렇게 자세히 이야기를 하면 아무래도 그녀가 일본인인줄 믿지 못했을지도 모른다.

그녀는 네덜란드인 휴직 지사의 아내였다. 그쪽 국적에 들어가 있으므로, 네덜란드령 동인도 관헌의 체포, 감금을 피하고 있는 것이다. 나중이 되니 그녀는 불만을 자주 토로하였고, 전쟁 전에는 일본인이라며 박해받고 지금은 또 지금대로 네덜란드 사람이다, 네덜란드인의 아내다 해서 미움받는 것이라며 한탄했지만, 실제는 그것이 또 그녀 형편과 딱 맞아떨어지기도 했다.

당시 그녀의 교외 집은 전쟁으로 불탔고 조금 들고 나온 짐도 인도네시아인에게 약탈당했다고 했다. 아직 흥분이 가라앉지 않았기 때문이겠지만, 원주민들에 대해 나쁘게 말하는 것이 나는 불쾌했다. 남편의 형님 집에 붙어살면서 "이 꼴도 다 빌린 옷이에요"라며 남자 바지를 입은 모습을 돌아보며 변명했다.

그녀는 일을 잘했다. 전쟁 때문에 무리해서라도 해내야 하는 일도 있고, 잘 시간조차 없는 경우도 있었다. 지시받은 일은 틀림없이 해냈고, 그 이상으로 스스로 일을 물어보기도 했다. 자기 창의력으로 이런 일도 해보면 어떻겠느냐며 의견을 구하는 경우도 있다. 한마디로 분골쇄신하며 일했다. 어딘가 속죄하려고 그러는 면도 있었고, 한편 거기에서 무언가를 기대하는 것 같기도 했다. 이따금 우리는 일부러 그녀만 사무소에 남기고 외출했다. 심술궂은 심리가 작동하여 그녀를 시험해 보라고 무의식이 시킨 일이다.

하지만 그녀는 실수가 없었다. 가만히 보고 있으면 마음을 독하게 먹을 때도 있었다. 무엇 때문인고 하니, 우리 사무소는 의도치 않게 어떤 의미에서 인사상담소처럼 돼버려, (사실은 전혀 그게 아닌데) 이곳으로 그녀의 남편과 같은 나라인 네덜란드인들이 여러 가지 상담을 들고 왔다. 모두 참 천연덕스러운 사연들 뿐이었다. 예를 들자면, "나는 네덜란드령 동인도 정부의 은급 생활자인데, 일본군이 들어온 이후로는 전혀 은급을 못받고 있다. 그것을 받게 해주었으면 좋겠다", "내가 가장 사랑하는 남편이 포로가 된 것 같은데, 이제 전쟁도 끝났고 하니(자바에서는 적의 연합군이 무조건 항복을 했다), 아이도 아프고 해서 빨리 귀국을 시켜달라". 이런 식으로 전쟁 중에 상식적으로 판단해도 알만한 안건을 가지고 온다. 서양인의 전쟁관만큼 이해하기 어려운 게 없다. 그녀는 그것을 일일이 판가름하고 있었다. 이따금 갓난아이를 안은 가난한 여자가 다녀간 후에는 울었던 흔적이 명백한 적도 있다. 하지만 그녀 나름대로 호통치듯이 한 다음 되돌려 보낸 것 같았다. 또 때로는 배신자라며 네덜란드인에게 협박받기도 했는데, 이것도 우리에게 따로 알리지 않고 따박따박 알아서 응수하는 것 같았다.

그러던 중 그녀의 남편인 네덜란드인 아무개의 신변도 위태로워졌다. 적국 사람인 이상 비전투원이라고는 해도 어떻게든 처치는 해야 했다. 아니, 어쩌면 그 아내가 일본인이라서 여태 대강 넘어가 주었던 것일지도 모른다. 그녀가 기숙하던 집의 남편 형은 훨씬 이전부터 억류되어 있었으니까 말이다.

"어찌 됐든 나는 참고 지낼 결심을 하고 있어요." 그녀가 말했다.

호사스러운 생활을 하고 있던 당시에는 그렇지 않았기 때문이겠지만, 우리 앞에 나타난 이후로는 혈색도 안 좋고 창백한 얼굴이었다. 그러다 한층 더 시퍼래졌다.

"그야 전쟁이잖아요." 그녀는 목소리를 낮췄다. 그래서 우리의 동정을 이끌려는 것이었으리라. 물론 우리는 뻔하디 뻔한 말을 한다는 표정이었다.

전쟁이니 어쩔 수 없다는 말도, 한 번 더 반성해 볼 필요가 있으리라 여겼다. 그러더니 그녀는 훌쩍훌쩍 우는 것이었다. 오랫동안 울었다.

"신경 쓸 것 없다면서 그자와 헤어져 버리라고 말씀하시는 분이 계세요." 그녀는 울었기 때문에 평소 같으면 남보다 두 배는 큰 눈을 묘하게 작게 뜨고 있었다. 하지만 그 밑바닥에는 항의의 강력한 빛을 머금고 있었다.

"헤어지는 게 당연하다며 이혼 방식을 말씀하시더군요. 이때 제 신세를 다시 추스르기 위해서라도 그렇게 하는 편이 좋다고 충고해 주셨지요. 하지만 어떻게 제가 그럴 수 있겠어요?"

그렇게 그녀는 나에게 이야기했다.

"저는 도쿄에서 그 사람과 함께 했어요. 그는 그때 일본으로 온 유학생이었지요. 어학, 일본어를 배우러 왔던 거에요. 일본어를 진정으로 자기 것으로 만들기 위해서는 일본의 정신을 배워야 한다, 그러기 위해서라도 일본 여성을 아내로 맞는 것이 가장 빠른 길이라는 어딘가 공리적인 심산도 있어서, 저를 결혼 상대로 골랐지요. 저는 겨우 여학생 제복을 갓 벗은 무렵이었어요. 서양인을 남편으로 맞는 것이 뭔가 무서운 느낌도 들면서, 또 한편으로는 가벼운 열병에라도 걸린 듯 들떠서 멍하니 기쁨에 빠졌고, 약간은 득의양양한 기분도 있었어요. 지금 생각하면 일본 여자답지 않은 한심한 태도였지요. 하지만 당시 일본은 아직 일반적으로 그런 백인 숭배가 고착되어 있던 모양새였어요."

그녀는 추억에 잠겼다.

남편과 같은 예수교도로 개종한 것, 네덜란드어도 열심히 배웠다는 것, 일체의 생활양식을 그들처럼 서양식으로 바꾸어 버린 것.

"그래도 모든 게 일본 여성으로서 배운 바를 따랐던 것에 불과해요. 시집을 가고서는 남편을 따랐고, 목숨이 붙어 있는 한 정절을 지키는 배우자로 있고자 했을 뿐이었지요."

그러더니 갑자기 그 네덜란드인의 아내는 흥분한 목소리를 올렸다.

"그렇지 않겠어요? 현재 남편은 가장 비참한 처지에 놓였어요. 평생 동안 이런 가여운 일은 두 번 다시 겪지 않을 거라 여겨질 만큼 불쌍한 역경에 놓였다고요. 이럴 때 아내인 내가 곁에 있으면서 다정하게 위로해 주지 않으면 어떻게 되겠어요? 행복하게 살던 때와 달라요. 남편이 불행의 구렁텅이에 빠져 있는데, 그에게서 멀어져 버린다는 것은 일본 부인의 도리에는 없는 일이라고 알고 있어요."

나는 대답하기가 곤란했다. 좀처럼 해결하기 어려운 일이라고 생각했다.

그녀는 다른 사람의 인사 상담을 해주고 있었지만, 사실은 그녀 자신에게 큰 문제가 있었던 것이다. 그렇다고 해도 역시 서양인과 우리는 전혀 다른 인간, 존재가 아니겠는가? 여기에 열쇠가 있지는 않을까 생각했다.

– 『신문학(新文學)』 1944년 11월.

향수

　돌아오자마자 아사노 아키라(淺野晃)[88] 씨를 만났더니 그는
일본으로 돌아온 다음 몹시도 자바열이 올라 자바에 관한 책이
라면 무엇이든 읽고 싶어져서 그러모았다는 이야기였다. 사실
은 나도 비슷해서 자바열에 취하여 그에 관해 쓴 온갖 책을
읽었다. 정말 일종의 열병 같은 것이었다. 그리고 자바에 있을
때보다도 훨씬 자바에 대해 상세히 알게 되었고, 더 우스운
것은 인도네시아어를 본격적으로 공부하기 시작한 일이다.

　언어를 연구하기에 온갖 편의가 갖춰진 그 지역에 있을 때
에는 멍하니 게으름을 부리고, 멀리 떠나 와서 불편을 참아가
며 꾸준히 하니 정말 바보같은 이야기다. 하지만 이런 경험은
크든 작든 누구에게나 있지 않을까 싶다. 요컨대 자바는 그
정도로 애착을 가질 만한 기억의 섬이라는 말도 되고, 그 감정

----

88 아사노 아키라(淺野晃, 1901-1990). 평론가, 시인. 도쿄제국대학 재학 중에
　　제7차 『신사조(新思潮)』 창간. 후에 공산당에 입당하지만 검거 이후 전향.
　　'일본 낭만파'에 소속.

은 멀리 있으면서 도리어 더 강해지는 것이다.

요미우리의 자카르타 지국장을 하던 호소미(細見) 씨가 내 얼굴을 보자마자 이렇게 질문했다.

"어때요? 향수를 느끼지는 않아요?"

향수라는 말이 아주 짧은 한순간 이해되지 않았다. 금방 알아차리고 나는 미소지으며 대답했다.

"바로 그거에요. 정말 느끼고말고요."

호소미 씨도 자바에 대한 향수 때문에 한때는 고민했던 모양이다. 그도 그럴 것이 너무도 향수라는 말에 어울리는 감정이다. 머나먼 고향에 느끼는 사모의 정과 비슷한 무언가가 있다.

'아직 잔류해서 건투하고 있는 선전부 여러분들. 여러분의 노고를 생각하면서도 왠지 일말의 부러움을 금할 수가 없습니다. 자바를 한층 더 아름다운 섬으로 만들도록 부탁드립니다.'

앞서 말한 어학 쪽은 그래도 조금은 책을 읽을 수 있게 되었으니 고마운 지경이다. 자카르타에 있을 당시에는 이른바 '어멍 베타위'라는 서민 마을 언어를 날로 씹으며 득의양양했지만, 그 무렵 조금 더 인도네시아어를 할 수 있었다면 자료 때문에 곤란을 겪지는 않았을 것이라며 이제 와서 후회한다. 그래도 계민문화지도소의 문학부에서 기념품으로 받았던 여러 문학서가 있어서 아직 나는 괜찮은 편이다. 특히 거기에 소속된 젊은 자각들이 쓴 단편을 몇 편 가지고 귀국했는데 그게 모두 일본군정하의 소산이라는 것에 새로운 의의가 있다. 나는 내가 역부족인 것도 생각지 않고 겁 없이 이를 번역하고 있다. 어서 일본 사람들에게 소개하고 싶은 것은 다음과 같은 이유 때문이다.

첫째, 자바에 관한 것을 기술한 책에 관하여 언급했지만, 귀국해서 놀랐던 것은 자바뿐 아니라 남방 관계의 도서가 범람한다는 사실이었다. 어디서 이런 책들이 잘도 간행되는구나 싶어 눈이 휘둥그레졌는데 개중에 정말로 추천할 수 있는 것은 거의 조금밖에 없다는 것을 알게 되었다. 내용이 너무 엉성한 것도 있었고 서양인 누군가가 쓴 것을 원본 삼아 쓴 것도 있다. 서양식 견해로 그 발상법에 따라 적힌 것은 그 자체가 근본적인 잘못인 데다가, 꼼꼼하게 번역을 잘못하여 번안해버린 것조차 있다. 과장이 아니라 열 권이 한 권으로 정리될 수 있을 정도로 각각의 내용이 똑같은 문장들로 중복되어 있었다. 그 중에서도 용서가 되지 않는 것은 자바에도 있던 사람들, 혹은 평정 후까지 있던 사람들의 것으로 터무니 없는 사실의 오류, 또는 예에 따라 서양인의 책에서 발췌한 것이, 어느새 자기 견문이나 의견으로 둔갑하여 서술된 종류이다. 대체 이런 사람들은 무엇을 보고 있었던 걸까 싶어 야스다 기요후미(安田淸夫) 군과 몹시 개탄하던 때였다. 무엇보다 이것으로 알 수 있는 것처럼 인간 관찰 따위는 그리 믿을 만한 게 못 되는 것이리라.

그런데 이렇게까지 자바에 관한 저작물이 범람하고, 또한 평정 후『아사히 신문』축쇄판 같은 것을 들여다보면, 매일매일 어느 면이나 많고 적음에 상관없이 자바의 기사가 게재되어 있는데, 뜻밖에도 일본에서는 자바에 관해 잘 알려지지 않은 듯하다. 그것도 너무 심해 놀랄 정도다.

일례를 든다면 변함없이 야자 나무 그늘에서 춤만 추고 있는 검둥이가 있다고 생각하거나, 바나나나 기타 과일은 많고, 날은 더워서 입을 것이나 먹을 것 걱정도 없기 때문에 모두 뒹굴뒹굴 배가 고플 때까지 누워 있는 게으름뱅이가 원주민이라고 생각한다. 거짓말 같다.

하물며 자바에도 문학이 있고 소설가가 있으며, 그 소설을 내가 소개하려고 한다는 말을 하면 '정말?'하며 눈을 동그랗게 뜨고 뭔지 이해가 되지 않는 듯한 표정을 하는 게 거의 대부분이라고 해도 좋을 정도다. 서양인들에게 그렇든, 인도네시아는 감당이 안 되는 야만인, 지능이 낮은 나태한 자들이라는 관념이 어지간히 깊이 배어 있는 듯하다.

이러한 점들을 계몽하기 위해서라도 자바의 무너진 예능문화를 가급적 소개하고 싶다. 우수한 신작 소설 같은 것도 선편이 있으면 자꾸자꾸 보내주었으면 한다. 지난 번에 영화 〈남쪽의 소망(南の願望)〉이 도착했는데, 일본에서는 상영시간의 제한이 엄격했으므로 그리 길게 상설관으로 내걸 수는 없는 모양이었다. 이런 것을 일반인들에게 널리 보여주고 자바의 진정한 모습을 알게 했으면 좋았을 텐데 유감스러웠다.

이야기를 바꾸자면, 히죽히죽 야비하게 웃으며 이런 질문을 받는다.

"그곳은 물자가 풍부하다고 하니 정말 좋겠어요."

이것만큼 불쾌한 질문은 없다. 이런 쪽만 지나치게 선전되는 것이다. 그럴 경우 나는 퉁명스럽게 이렇게 대답하기로 했다.

"아무것도 없던 걸요."

－『신 자바(新ジャワ)』1944년 11월.

동인도의 확신

　멀리서 저 까마득한 곳을 생각만 해도 그 장대한 숨결을 사무치게 온몸으로 느끼며, 일종의 흥분으로 몸이 떨리는 것과 비슷한 느낌을 받았다. 대동아회의가 도쿄에서 거행되어 실로 역사적인 대동아공영 선언을 국내외에 천명하고, 공동 목표인 오대 원칙이 확립되고 나서 정확히 1년이 지났다.

　그 무렵 자바에서도 원주민의 정치 참여의 구체적 조치로 마련된 중앙참의원의 제1회 회의가 막 종료되었고, 닷새 동안 방위의용군의 원호를 강화하는 조직의 확립, 대량으로 발생하는 긴급한 노동력 수요에 대해 공출 기관의 설립, 원주민의 전시 생활 태세 강화, 전시 물자의 생산 증강, 공출 촉진의 네 항목에 관하여 구체적으로 상세한 여러 방책을 심의, 하라다(原田) 최고지휘관에게 올릴 답신안도 결정되어, 말하자면 정치적으로 가장 불타오르는 참이었다. 공존공영, 독립친화, 문화앙양, 경제번영, 세계진군 공헌이라는 오대원칙은 독립국이 아닌 자바나 동인도 여러 지역에서도 마찬가지였고, 큰 이상을 성전 완수의 길에서 얻으려 한 것이야 말할 나위도 없고, 지도자들은 충심으로 공감, 찬동하여 결의를 더욱 다졌다.

다만 이것은 나의 단순한 억측에 불과하지만, 이 아시아 십억의 우렁찬 외침을 그대로 한자리에 집결한 성대한 의식 장면에 동인도 사람이 한 명도 참가하지 않은 것은, 회의의 의의가 중대했던 만큼 사소할지라도 허전한 느낌이 수많은 인도네시아 사람들 마음에 아주 작게 한 점 깃들었을 지도 모른다. 원래부터 그것은 여러 사정에 의해 그렇게 된 것임을 충분히 알고 있었겠지만, 결코 대표 자격으로 한다는 듯한 가당찮은 것을 바라는 것이 아니라, 어떤 형식이라도 말석까지 이어지는 영광을 생각하지 않을 수 없었던 것이리라. 아니 그것은 실로 나 자신만의 과도한 욕심이었다. 원주민 지도자들은 당시의 감수성으로 말하자면, 그 대표자가 엄숙하게 출석, 더 나아가 주인인 양 회의를 통제하는 것이라 판단했을 수도 있다. 수카르노 씨의 입버릇처럼, 동인도 민중은 일본의 지우(知遇)인 ○○○○○, 일장기의 ○○○○○○○○○○ 있었기 때문이다.

또한 아까의 경우와 반대의 억측을 거듭해 본다면, 자바의 지도자, 문화인, 지식층 모두가 옛날에는 네덜란드령 동인도 정부에 대한 반역자, 독립운동의 지사이며, 열렬한 민족주의자인 것에 구애되지 말고 동아의 신질서, 공영권이라는 말을 진실로 이해했기 때문에 독립 운운하는 것은 문제가 되지 않았던 것 같다. 정치참여를 향수함으로써 감사했다고도 볼 수 있다. 독립을 운운하는 것은 이미 구시대의 관념이라고 보며,

곧 그것은 제국주의 침략과 식민지 정책에 의한 억압과 착취, 노예화를 전제로 한 개념인 까닭에 동인도에서는 이제 그러한 전제조건이 황군의 손에 의해 배제된 이상 새삼스럽게 독립 문제를 언급할 필요도 없고 안거낙업, 전쟁에 협력하는 길에 매진할 수 있지 않겠는가?

대동아회의 이후 얼마 지나지 않아 우리나라로 와서, 천황을 뵈러 궁전에 가고 알현을 하며 훈장을 증여받는 더할 나위 없는 영광에 감읍하고, 이세신궁(伊勢神宮)[89], 구단의 궁(九段の宮)[90]에 참배하고 요코스카(橫須賀), 우치하라(內原)를 견학, 가을색 깊어가는 때 결전하는 일본의 늠름한 모습을 상세히 눈으로 직접 보고 접한 수카르노 씨, 해터 박사 등은 그러한 확신이 점점 더 깊어진 것으로 보인다. 앞선 의회에서 고이소(小磯) 수상이 동인도 독립의 준비가 있다는 언명도, 옛날 그들 인도네시아 선학자들이 항쟁하여 얻고자 한 독립과는 전혀 근본 의의가 다른 것, 대동아전쟁의 길 위에서 동인도가 성장할 수 있는 인가 증명의 한 단계로서 받아들였음이 틀림없다.

— 『요미우리호치신문(讀賣報知新聞)』 1944년 11월 7일.

---

89 미에 현(三重縣) 이세 시(伊勢市)에 있는 신궁들의 총칭. 국가 신도의 중심으로서 유지됨.

90 야스쿠니 신사(靖國神社)를 일컫는 말. 순국한 사람들의 영혼을 모시는 곳으로 1869년 창건되었으며, 일본에 있는 신사 중에서 가장 규모가 큼.

역자 해설

　이 책은 일본 근대의 유명한 풍속소설 작가인 다케다 린타로가 태평양전쟁이 확대일로를 걷던 시기에 육군보도반원으로 징용되어 인도네시아 자바섬에서 경험하고 느낀 것을 기록한 단행본『자바 사라사』및 일본과 인도네시아의 여러 미디어에 발표한 당시 기사 등을 모아 번역한 것이다.

　타이틀 '자바 사라사'는 인도네시아에서 널리 행해지는 전통적인 납염(蠟染) 방식으로 독특한 무늬를 염색한 천을 의미한다. '사라사'는 원래 포르투칼어 'saraça'를 어원으로 보는 설이 유력하며, 일본에서는 19세기 무렵 '更紗'라는 한자로 표기가 정착되었다. 여러 색채를 이용하여 무늬를 염색한 직물로 서자바 사라사, 인도 사라사, 페르시아 사라사 등이 유명하다. 납염 방식은 무늬가 그려진 부분을 밀납으로 막아서 물들지 않게 하는 염색법을 말하는 것인데, 영어로 바틱(batik)이라고 하며, 자바 사라사는 바틱의 대명사라고 할 수 있다.

2009년 인도네시아 바틱이 세계무형문화유산으로 인정되었
으므로, 자바 사라사는 명실공히 인도네시아를 대표하는 전
통공예법이자 무늬라 할 수 있다.

본문에서 자바 사라사에 대해 언급한 부분은 「자바의 '후쿠
짱'」의 16번째 절(p.140)인데, 일본의 아이와 인도네시아 여성
의 대화 형식을 가장한 이 짧은 내용에서 자바 사라사를 염색
하는 방식이 소개되고 있다.

> 후쿠짱: "아주머니, 뭐 하고 있어요?"
> 아주머니: "이건 일본 사람들이 사라사(更紗)라고 부르는 천
> 이에요. 이렇게 무늬를 그리는 거랍니다."
> 아주머니는 토병의 주둥이 같은 것에서 끈적끈적 흐르는 납
> (蠟)으로 능숙하게 모양을 그리고, 그것을 염료 속에 담갔다가
> 꺼내서 납을 녹였습니다. 그러자 거기에 분명하게 무늬가 생기
> 는 것이었습니다.
> 후쿠짱: "그걸로 벌써 끝이에요?"
> 아주머니: "아니에요, 아니에요. 이 과정을 몇십 번이고 되풀
> 이하는 거랍니다."
> 후쿠짱: "와, 끈기가 대단하군요."
> 색의 조합은 다갈색과 짙은 감색이 많은 것 같습니다.

다케다 린타로가 이러한 내용을 기록하고, 1944년의 에세
이 단행본 제목을 '자바 사라사'라고 붙인 것에서, 이는 이미
당시 자바섬을 비롯한 인도네시아의 상징적 '문화'이자 '무늬'
로 자리잡은 것을 알 수 있다.

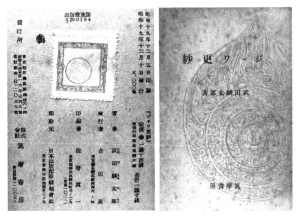

『자바 사라사』 표지(우)와 서지사항(좌)

　　이 책에서 번역한 단행본과 기사의 초출 서지사항은 다음과
같다.

『자바 사라사』 지쿠마쇼보(筑摩書房), 1944.12.

「민족의 여명이 밝아오다: 상륙 한 달 후의 자바」, 『도쿄아
　　사히신문』, 1942.4.7.

「그리운 풍물: 금세 친숙해지는 자바의 인상」, 『도쿄아사
　　히신문』, 1942.4.14.

「여행지 소식」, 『우나바라』, 1942.5.21.~29.

「자바의 후쿠짱」, 『도쿄아사히신문』, 1942.6.23.~7.22.

「발리에 관한 두 가지」, 『우나바라』, 1942.7.12.

「아내에게 보내는 편지」, 『문예』, 1942.7.

「'계민문화지도'에서 느낀 것」, 『자바 바루』, 1943.5.1.

「우리 신 자바: 보라, 창건의 정열을--신문화에 거는 기
　　대」, 『자바신문』, 1943.11.18.

「남쪽의 아름다운 계절(상)」, 『도쿄신문』, 1944.4.28.

「남쪽의 아름다운 계절(하)」, 『도쿄신문』, 1944.4.29.

「출판통제의 혼란과 책의 범람: 만연하는 실리주의·물질
　　주의」, 『제국대학신문』, 1944.5.1.

「자바에서 본 『야쿠모(八雲)』」, 『야쿠모잡기』, 1944.7.

「어떤 부인」, 『신문학』, 1944.11.

「향수」, 『신 자바』, 1944.11.

「동인도의 확신」, 『요미우리호치신문』, 1944.11.7.

이 중 『우나바라』와 『자바 바루』, 『신 자바』는 인도네시아
에서 간행된 일본어 미디어이며, 그밖의 발표 시기 순서로 보
면 『자바 사라사』가 가장 나중에 간행된 인도네시아 관련 내용
의 문헌이라 할 수 있는데, 다케다 린타로의 자바 기록으로서
의 대표성을 갖는 단행본임을 고려하여 맨 앞에 수록하였다.
이외에도 1942년 9월 19일, 22일자 『요미우리호치신문』의 에
수록된 「상륙 반년의 소감: 지나친 현지적 의견에 반성」이라
는 기사문도 있었는데, 약간의 자구와 인도네시아어 표기 등
이 미세하게 수정된 상태로 『자바 사라사』의 3장에 메모의
형태로 삽입되어 있어(pp.15~19) 거의 중첩되는 내용이므로 본
역서에는 수록을 생략하였다. *木村一信編, 『南方徵用作家叢
書12 ジャワ篇』(龍溪書舍, 1996)에는 수록되어 있음.

다케다 린타로는 1904년 5월 9일 오사카(大阪)에서 경찰이었던 아버지에게서 칠 남매 중 장남으로 태어났다. 가난했지만 어머니의 영향으로 문학을 꿈꾸던 다케다는 십대 때 어머니를 여읜 후 더욱 문학에 탐닉하게 되었다. 교토에서 삼고(三高)에 진학한 후, 에도 시대(江戸時代, 1600-1867) 최고의 작가라 할 수 있는 이하라 사이카쿠(井原西鶴, 1642-1693)를 알게 되고 탐독하면서 이후 평생토록 그의 작품에 매료되어 큰 영향을 받는다.

　1926년 도쿄제국대학 불문과에 입학하게 되는데 불성실한 학교 생활로 시험에도 실패하고 이듬해에 결국 제적당하고 만다. 1920년대 후반에 좌파, 노동운동에 관여하였고 프롤레타리아 문학 활동을 전개하면서 1929년에는 검거, 구금을 겪었으며, 1929년 『문예춘추(文藝春秋)』에 발표한 소설 「폭력(暴力)」은 반전적 내용 때문에 발매금지 및 삭제 처분을 받기도 하였다. 이후 몇 작품을 더 발표하고 '만주' 지역을 다녀오자 다케다는 자신이 직업작가가 되었음을 알게 된다. 1930년대 초까지 발표한 단편소설들은 신감각파적인 수법과 관념적인 좌익 이데올로기가 결합

다케다 린타로

한 형식이라는 평가를 받는다.

　다만 관념성이 강하여 사실적 묘사에는 취약했는데, 1932년 「일본 서 푼짜리 오페라(日本三文オペラ)」를 발표하면서 현실 응시와 생활감정 묘사에 성공한 서민물로 각광을 받게 된다. 이하라 사이카쿠라는 고전 작가의 수법을 통해 좌익 운동의 탄압에서 벗어난 형태로 그만의 독특한 작풍을 구축하게 된 것이다. 또한 다케다는 당시 최고의 소설가와 평론가들이 모인 문예잡지 『문학계(文學界)』 창간에 동참하면서 가와바타 야스나리(川端康成, 1899-1972), 고바야시 히데오(小林秀雄, 1902-1983) 등과 더불어 시정물에 성공한 문단의 중요 작가로 존재감을 피력하게 되었다. 1934년 『아사히 신문(朝日新聞)』 석간에 약 두 달 동안 연재한 「긴자 뒷골목(銀座八丁)」은, 긴자의 바를 중심으로 한 생태가 생생히 그려져서 시정물 수법을 살리고 사상성까지 띤 풍속소설이라 평가받으며 그의 대표작으로 손꼽히게 되었다.

　그러는 동안 중일전쟁을 비롯하여 일본은 전쟁의 시기로 돌입하게 되는데, 일본의 문단은 일본낭만파라고 일컬어지는 시국 편승적 움직임과 파쇼적 문학운동으로 치닫게 된다. 다케다는 이에 대항하는 움직임으로 『인민문고(人民文庫)』라는 잡지 활동을 전개하며 일본낭만파가 부르짖는 '시정신'에 대립각을 세우며 '산문정신'을 주장하였다. 『인민문고』는 계속해서 발매금지 처분을 받게 되고 이로 인해 경제적인 곤궁이 이어지자 결국 1938년 폐간하게 된다. 단편 「11월 장날(一の酉)」

과 더불어 1939년 발표한 장편『비녀(簪)』등 완성도 높은 작품을 지향하던 서민문학의 달성을 보여준다.

그러나 태평양전쟁 동안 일본은 좌파 성향을 보였던 문학자들에게 징용작가라는 굴레를 씌우게 되는데, 다케다 린타로 역시 징용되어 육군보도반원으로서 1942년 인도네시아 자바섬으로 향하게 된 것이다. 그리고 두 번의 귀국 연장을 통해 1943년 귀국하게 되었고 자바에서의 체험과 감상을 한 권의 단행본으로 정돈하여 1944년에 출판한 것이 바로『자바 사라사』였던 것이다. 이듬해 전쟁이 끝난 후 다케다는 문학 활동을 재개하려 했으나 간경변증으로 1946년 사십 대 초반의 젊은 나이로 타계하고 만다.

그의 문학적 인생을 돌아볼 때 본 역서가 담고 있는『자바 사라사』를 비롯한 인도네시아 자바 체험의 기록은 다케다 린타로 만년의 글쓰기에 해당한다. 끝도 없이 먼 바닷길을 오래도록 헤쳐가서 도달한 이국의 땅에서 육군보도반원으로서의 분명한 의무와 할 일을 명령받은 이 징용작가는 현지의 인도네시아인들과 전심전력으로 소통했다.

인도네시아는 1945년에 독립을 이루기 전까지 17세기부터 식민 지배자였던 네덜란드를 덧붙여서 '네덜란드령 동인도[蘭印]'라 불리었다. 동인도는 말 그대로 인도의 동쪽에 있는 여러 섬들, 인도차이나, 말레이 군도를 포함하는 지역을 광범위하게 지칭하던 것이었다. 지금의 동남아시아, 아시아 대륙과 오스트레일리아 대륙 사이의 해역에 있는 군도들, 대순다 열도, 소순다 열도, 필리핀 제도, 보르네오섬, 술라웨시섬, 몰루카 제도까지 포함한다.

다케다 린타로는 지배자였던 네덜란드를 놀라게 하며 일본 군인의 위세를 떨친 반텐만 상륙을 통해 육군과 함께 자바섬으로 들어갔으며, 그의 자바섬 기록은 이 전승에서 시작된다. 다케다가 내비치는 네덜란드인으로 대표되는 서양인들에 대한 반감과 적의에서, 태평양전쟁을 동서양의 힘의 충돌로 보고 아시아가 일본을 중심으로 단결해야 한다는 '대동아(大東亞)' 의식이 드러나는 것도 사실이다.

다만, 그의 적의는 살의를 정당화하는 전쟁 합리화로 이어지지는 않는다는 점, 네덜란드인을 향한 반감을 유색인에 대한 까닭없는 차별을 보이거나 문화적 무교양을 비웃는 태도로 강조하는 점, 전쟁이 직업인 병사들이 일반인보다 문화적 측면에서 의식적인 점, 인도네시아 현지인들에게는 한없이 친화적이며 그들의 전통과 언어를 존중하고 배우려 한 점, 「어떤 부인」에서처럼 네덜란드인과 결혼한 일본인이나 이국의 밀림에서 모호해진 '적(敵)'과 '국적(아이덴티티)'의 개념에 대한 숙고, 언어표현을 천직으로 삼은 작가인만큼 현지인들과의 소통과 말의 문제에 대한 고민 등은 전쟁과 문학을 생각함에 수많은 시사로 가득하다. 자바로 함께 향했던 육군보도반원들과 전개한 활동, 다른 징용작가들과 구별되는 사상적 특성, 무엇보다 인도네시아의 문학자들과 가장 긴밀하게 교류했던 다케다의 면모 등 이 번역서를 실마리 삼아 추적해야 할 내용들이 산적해 있다.

다케다 린타로의 자바 체험 관련 글들을 번역하면서 어려웠던 점은 크게 두 가지였다. 첫째는 그가 평생 경도되었던 작가 이하라 사이카쿠의 영향인지, 전쟁 중에 전쟁터에서 기록적 성격으로 작성하는 문장이어선지, 현대 일본어임에도 불구하고 주술관계가 분명치 않거나 문장 내에서 주어가 변하는 문체적 특성이 두드러진 측면이다. 기사라면 전쟁 시국을 감안하고 읽을 수 있지만, 귀국 후 퇴고를 거쳐 단행본으로 출판한 『자바 사라사』의 경우 또한 그러하니 다케다의 문체적 특성이라 보는 것이 온당할 것으로 보인다. 하지만 문체적 특성을 잘 살리면서 의미 전달에도 지장이 없는 좋은 번역은 아직 역자에게 요원한 경지인 듯 느껴지는 부분이었다.

둘째는 다케다 린타로가 정말 열심히 표기하고 설명한 현지어를 어떻게 처리하는가 하는 점이었다. 더구나 그것이 오늘날 인도네시아어 사전에 표제어로 수록된 표준어와 같지 않은 점에서 난감했는데, 인도네시아어 자체가 가진 복잡한 구성과 더불어 당시의 자바어, 마인어, 발리 지역의 방언, 심지어 아랍어까지 등장하는 원서의 현실을 마주하고 당황하지 않을 수 없었다.

다행히 이러한 점은 많은 분들의 도움으로 극복이 되었는데, 마지막으로 감사의 인사를 전하면서 마무리하고자 한다.

자바어, 순다어, 마인어, 아랍어에 일부 지역 방언까지 뒤섞여 알 수 없던 원어 표기에 대해 귀한 의견을 주신 인도네시아 아일랑가대학의 안토니우스 푸조 교수님, 인도네시아대학의 로울리 에스더 교수님, 대부분의 원어 발음 표기에 대해 길잡이를 해준 박지후 원생, 번역 문장의 수정을 제안해 준 이가현 선생님, 딸 원이에게 진심으로 고마운 마음을 전한다. 그리고 이번 시리즈를 기획하신 채성식 원장님, 인도네시아 이중언어문학 연구를 이끌어주시는 정병호 학장님, 끝으로 이 기획에 찬동하고 보기 좋게 편집하여 세상에 내보내 주신 보고사 관계자 분들께도 심심한 감사 인사를 올리는 바이다.

2022년 11월

역자 씀

저자 **다케다 린타로**(武田麟太郎, 1904~1946)

소설가. 오사카(大阪) 출신. 도쿄제국대학 불문과에 입학하지만 중퇴,
1929년 『문예춘추(文藝春秋)』에 실려 발매금지 처분을 받은 「폭력(暴
力)」 등으로 직업 작가로 인정받고, 신감각파적 수법에 좌익 사상을
담은 관념적 경향을 보이다가 이윽고 탈피한다. 1932년에 결혼했으
며, 평생 경도된 고전 작가 사이카쿠(西鶴)의 방식을 빌어 「일본 서
푼짜리 오페라(日本三文オペラ)」(1932), 「긴자 뒷골목(銀座八丁)」(1934),
「11월 장날(一の酉)」(1935) 등 시정의 서민 생활과 풍속을 다룬 소설로
유명 작가가 된다. 일본이 전쟁기에 돌입하면서 시국편승적 문학운동
에 대항하는 활동을 했지만, 결국 1942년 육군보도반원으로 징용되
었고 귀국을 연장하여 1943년까지 자바섬에 체류하게 된다. 귀국 후
자바에서의 경험을 담은 『자바 사라사(ジャワ更紗)』(1944)를 출판하였
으며, 전쟁이 끝난 후 문학 활동을 재개하려 했으나 간경변증으로
1946년 급사한다.

역자 **엄인경**

고려대학교 글로벌일본연구원 교수. 고려대학교 일어일문학과와 같은
대학원에서 일본문학을 공부하였으며, 20세기의 '외지' 일본어 문학,
전통 시가문학의 현재성, 한일 비교문화 등에 관심을 가지고 번역하며
연구하고 있다. 『문학잡지 國民詩歌와 한반도의 일본어 시가문학』,
『한반도와 일본어 시가문학』 등의 저서와 『쓰레즈레구사』, 『몽중문
답』, 『단카로 보는 경성 풍경』, 『요시노 구즈』, 『어느 가문의 비극』,
『염소의 노래』, 『흙담에 그리다』, 『이시카와 다쿠보쿠 단카집』, 『나
카지마 아쓰시의 남양 소설집』, 『까치』 등 다수의 역서가 있다.

일본 동남아시아 학술총서 12

자바 사라사

2022년 12월 31일 초판 1쇄 펴냄

저　자 다케다 린타로
역　자 엄인경
발행자 김흥국
발행처 보고사

책임편집 이순민
표지디자인 김규범

등록 1990년 12월 13일 제6-0429호
주소 경기도 파주시 회동길 337-15
전화 031-955-9797(대표), 02-922-5120~1(편집), 02-922-2246(영업)
팩스 02-922-6990
메일 bogosabooks@naver.com
http://www.bogosabooks.co.kr

ISBN 979-11-6587-395-0　94910
　　　　979-11-6587-169-7　(세트)
ⓒ 엄인경, 2022